덧셈과 뺄셈

빠르고 편한 수학

5 단계

지은이 **김 문 희**

연세대학교 아동학과를 졸업하고, 미국 Tufts(텁스) 대학원에서 유아교육을 전공했다.

대안학교에 대한 꿈을 갖고 1998년 세빛선교원과 초중등 공부방을 시작했고,

2011년부터 세빛스쿨을 운영하고 있다.

'공부를 적게 해도 잘하는 초등수학'을 목표로 기존 초등교과과정을 17년 넘게 연구했다.

수포자가 나올 수밖에 없는 구조적 문제를 발견하고 이를 해결하기 위해 다양한 시도들을 해왔다.

그 결과 2016년 혁신적 교과과정인 「빠르고 편한 수학」을 개발하였다.

「빠르고 편한 수학」은 특히 저학년이 수학을 잘하도록 규칙을 깨닫게 하는 연산으로 개념을 쉽게 배우게 한다.

또한 개념과 개념을 연결하여 학년을 넘나드는 '수학 엘리베이터'가 있어서 선행학습이 필요없다.

수포자 없는 초등수학으로 아이들과 부모들에게 기쁨을 주며,

목표로 세웠던 '공부를 적게 해도 잘하는 초등수학'을 가능하게 만들었다.

현재 블로그 '빠르고 편한 수학'을 운영하고 있으며

2021년말부터 '빠르고 편한 수학' 20단계 중 1~8,11단계 (총 9단계)를 출간했다.

https://blog.naver.com/hnbsebbit

초판 발행 1판 1쇄 2025년 6월

지은이 김문희
디자인 브라이튼워크
교 정 정혜영, 이재림
펴낸곳 세빛에듀
펴낸이 이세령
주 소 대전광역시 서구 청사서로 65 120동 2층

▶ 이 책은 저작권법에 의해 보호를 받는 저작물이므로 무단 전재와 무단 복제를 금합니다.

ISBN 979-11-976391-8-0

빠르고 편한 수학

덧셈과 뺄셈

덧셈과 뺄셈

　덧셈과 뺄셈은 초등 교육과정에서 무려 여섯 단원이나 차지합니다. 하지만 덧셈과 뺄셈의 특성을 제대로 안다면 이렇게 많이 공부하지 않아도 됩니다. 공부량을 확 줄이면서도 잘하게 할 수 있습니다.

　덧셈과 뺄셈에는 3가지 특성이 있습니다.
　첫째, 덧셈에는 두 종류의 덧셈이 있습니다. 같은 수의 덧셈과 같지 않은 수의 덧셈입니다. 같은 수의 덧셈은 빠르고 편한 수학에서 곱셈을 통해 이미 충분히 연습했기 때문에, 연습해야 할 덧셈의 양을 많이 줄였습니다.
　둘째, 덧셈과 뺄셈은 자릿수가 커져도 원리는 같습니다. 곱셈이나 나눗셈은 자릿수가 바뀌면 계산 방법도 복잡해(달라)지지만, 덧셈과 뺄셈은 그렇지 않습니다. 항상 같은 자릿수끼리 계산하면 되기 때문입니다. 그래서 '일+일' 계산이 매우 중요합니다.
　셋째, 덧셈과 뺄셈은 받아올림, 받아내림이 항상 '1'입니다. 단, 시간 계산에서는 받아올림·내림의 기준이 다릅니다. 기준에 맞게 바꿔야 한다는 것을 알면 쉬워집니다.

　덧셈과 뺄셈을 빠르고 쉽게 하려면 꼭 짝으로 배워야 쉽습니다. 먼저 그림으로 덧셈 개념을 익힌 후 10-18까지의 받아올림 짝 25개를 외우세요. 그런 후 뺄셈을 함께 익히면 쉽게 숙달됩니다.

　아이들이 어려워하는 문장제는 무작정 풀기보다는 문장의 구조를 이해하며 푸는 훈련이 필요합니다. 이렇게 배우면 수학의 본질인 논리력을 키울 수 있습니다.

덧셈과 뺄셈 차례

기본 덧셈　　　　　　　　5쪽

- step 1　덧셈 ······························ 6쪽
- step 2　답이 보이는 덧셈 ········· 7-10쪽
- step 3　덧셈 교환법칙 ············ 11-22쪽
- step 4　받아올림 덧셈 숙달 ····· 23-30쪽
- step 5　덧셈 ························ 31-32쪽

기본 뺄셈　　　　　　　　33쪽

- step 1　뺄셈 ···························· 34쪽
- step 2　덧셈과 뺄셈 연습 ········ 35-41쪽
- step 3　덧셈과 뺄셈 숙달 ········ 42-44쪽
- step 4　뺄셈 ························ 45-46쪽

자릿수 확장　　　　　　　47쪽

- step 1　자릿수 확장 특징 ············ 48쪽
- step 2　두 자릿수 +한 자릿수 ·· 49-52쪽
- step 3　카드 덧셈 ················· 53-55쪽
- step 4　세 자릿수 + 한 자릿수 ····· 56쪽
- step 5　두 자릿수 + 두 자릿수 ·· 57-61쪽
- step 6　두 자릿수 - 한 자릿수 ·· 62-64쪽
- step 7　두 자릿수 - 두 자릿수 ·· 65-70쪽
- step 8　빈칸 덧셈 ················· 71-72쪽

구조로 배우는 문장제
: 문장제가 쉬워지는 꿀팁　　　　73쪽

- step 1　문장제 기본 구조 | 덧셈, 뺄셈 문장제 ··· 74-77쪽
- step 2　기본 문장 | 덧셈, 뺄셈 문장제 ········ 78-80쪽
- step 3　문장제 기본 구조 ············ 81쪽
- step 4　기본 문장 | 덧셈, 뺄셈 문장제 ········ 82-84쪽
- step 5　기본 문장 | 덧셈, 뺄셈 문장제 ········ 85-87쪽
- step 6　도전! 합과 차 문제 ······ 88-92쪽

시간 덧셈과 뺄셈　　　　　93쪽

- step 1　분 덧셈 ···················· 94-95쪽
- step 2　분으로 바꾸기 ············ 96-97쪽
- step 3　시간 덧셈 ······················ 98쪽
- step 4　시간 뺄셈 ··············· 99-102쪽

시간측정　　　　　　　　103쪽

- 기록표 ································· 104쪽
- 받아올림 덧셈 시간측정 ·········· 105쪽
- 덧셈 시간 측정 ················ 106-110쪽
- 뺄셈 시간 측정 ················· 111-115쪽
- 덧셈과 뺄셈 시간 측정 ········ 116-118쪽

정답 확인　　　　　　　　119쪽

01

기본 덧셈

STEP 1	덧셈
STEP 2	답이 보이는 덧셈
STEP 3	덧셈 교환법칙
STEP 4	받아올림 덧셈 숙달
STEP 5	덧셈

STEP 1 덧셈

| 날짜 | 월 · 일 |

 아래 문장을 큰소리로 3번 읽으세요.

① 덧셈의 종류

덧셈에는 같은 수를 더하는 덧셈과 다른 수를 더하는 덧셈이 있습니다.

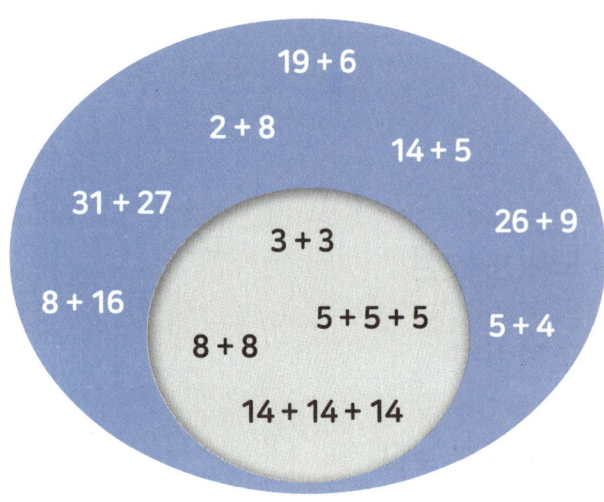

01 우리가 흔히 보는 덧셈은 서로 다른 수를 더하는 경우입니다.

청색 2 + 8   5 + 4   8 + 16
      14 + 5   19 + 6   26 + 9
      31 + 27

02 곱셈은 같은 수를 반복해서 더하는 경우입니다.

회색 3 + 3 = 3 × 2
      8 + 8 = 8 × 2   5 + 5 + 5 = 5 × 3
      14 + 14 + 14 = 14 × 3

② 덧셈의 연산

01 받아올림이 없는 경우

같은 자릿수끼리의 합이 10을 넘지 않을 때를 말합니다.

2 + 5 = 7   13 + 6 = 19

02 받아올림이 있는 경우

받아올림은 같은 자리수의 합이 10 이상일 때 윗 자리수에 1을 올려주는 것을 말합니다.

6 + 8 = 14

③ 덧셈과 뺄셈을 잘하려면 받아올림이 되는 두 수의 짝을 아는 것이 중요합니다.

STEP 2 답이 보이는 덧셈

날짜   월   일

곱셈구구는 같은 수의 덧셈입니다.
이것을 알면 덧셈과 뺄셈 답을 예측하는데 도움이 됩니다.

2단 곱셈표는 덧셈 기호가 빠졌고 거꾸로 하면 뺄셈이 됩니다.
덧셈과 뺄셈의 답을 쓰고 큰소리로 읽으세요.

덧셈	곱셈		뺄셈
01 0 + 2 = ☐	1	2	01 4 - 2 = ☐
02 2 + 2 = ☐	3	4	02 6 - 2 = ☐
03 4 + 2 = ☐	5	6	03 8 - 2 = ☐
04 6 + 2 = ☐	7	8	04 10 - 2 = ☐
05 8 + 2 = ☐	9	10	05 12 - 2 = ☐
06 10 + 2 = ☐	11	12	06 14 - 2 = ☐
07 12 + 2 = ☐	13	14	07 16 - 2 = ☐
08 14 + 2 = ☐	15	16	08 18 - 2 = ☐
09 16 + 2 = ☐	17	18	09 20 - 2 = ☐
10 18 + 2 = ☐	19	20	

회색 줄도 세로로 2씩 더하세요.
예시처럼 답이 보이는 덧셈을 소리 내어 읽으세요.

예) 1+2=3, 3+2=5, 5+2=7 … 17+2 = 19

STEP 2 답이 보이는 덧셈

날짜   월   일

> 곱셈구구는 같은 수의 덧셈입니다.
> 이것을 알면 덧셈과 뺄셈 답을 예측하는데 도움이 됩니다.

 3단 곱셈표는 덧셈 기호가 빠졌고 거꾸로 하면 뺄셈이 됩니다.
덧셈과 뺄셈의 답을 쓰고 큰소리로 읽으세요.

덧셈	곱셈			뺄셈
01 0 + 3 =	1	2	3	01 6 - 3 =
02 3 + 3 =	4	5	6	02 9 - 3 =
03 6 + 3 =	7	8	9	03 12 - 3 =
04 9 + 3 =	10	11	12	04 15 - 3 =
05 12 + 3 =	13	14	15	05 18 - 3 =
06 15 + 3 =	16	17	18	06 21 - 3 =
07 18 + 3 =	19	20	21	07 24 - 3 =
08 21 + 3 =	22	23	24	08 27 - 3 =
09 24 + 3 =	25	26	27	09 30 - 3 =
10 27 + 3 =	28	29	30	

 회색 줄도 세로로 3씩 더하세요.
예시처럼 답이 보이는 덧셈을 소리 내어 읽으세요.

예 1+3=4, 4+3=7, 7+3=10 … 25+3 = 28
    2+3=5, 5+3=8, 8+3=11 … 26+3 = 29

STEP 2 답이 보이는 덧셈

날짜   월   일

> 곱셈구구는 같은 수의 덧셈입니다.
> 이것을 알면 덧셈과 뺄셈 답을 예측하는데 도움이 됩니다.

 4단 곱셈표는 덧셈 기호가 빠졌고 거꾸로 하면 뺄셈이 됩니다.
덧셈과 뺄셈의 답을 쓰고 큰소리로 읽으세요.

덧셈	곱셈				뺄셈
01 0 + 4 =	1	2	3	4	01 8 - 4 =
02 4 + 4 =	5	6	7	8	02 12 - 4 =
03 8 + 4 =	9	10	11	12	03 16 - 4 =
04 12 + 4 =	13	14	15	16	04 20 - 4 =
05 16 + 4 =	17	18	19	20	05 24 - 4 =
06 20 + 4 =	21	22	23	24	06 28 - 4 =
07 24 + 4 =	25	26	27	28	07 32 - 4 =
08 28 + 4 =	29	30	31	32	08 36 - 4 =
09 32 + 4 =	33	34	35	36	09 40 - 4 =
10 36 + 4 =	37	38	39	40	

 회색 줄도 세로로 4씩 더하세요.
예시처럼 답이 보이는 덧셈을 소리 내어 읽으세요.

예 1+4=5, 5+4=9, 9+4=13 ... 33+4 = 37
    2+4=6, 6+4=10, 10+4=14 ... 34+4 = 38

STEP 2 답이 보이는 덧셈

날짜　월　일

> 곱셈구구는 같은 수의 덧셈입니다.
> 이것을 알면 덧셈과 뺄셈 답을 예측하는데 도움이 됩니다.

 5단 곱셈표는 덧셈 기호가 빠졌고 거꾸로 하면 뺄셈이 됩니다.
덧셈과 뺄셈의 답을 쓰고 큰소리로 읽으세요.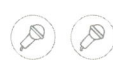

덧셈	곱셈					뺄셈
01 0 + 5 =	1	2	3	4	5	01 10 - 5 =
02 5 + 5 =	6	7	8	9	10	02 15 - 5 =
03 10 + 5 =	11	12	13	14	15	03 20 - 5 =
04 15 + 5 =	16	17	18	19	20	04 25 - 5 =
05 20 + 5 =	21	22	23	24	25	05 30 - 5 =
06 25 + 5 =	26	27	28	29	30	06 35 - 5 =
07 30 + 5 =	31	32	33	34	35	07 40 - 5 =
08 35 + 5 =	36	37	38	39	40	08 45 - 5 =
09 40 + 5 =	41	42	43	44	45	09 50 - 5 =
10 45 + 5 =	46	47	48	49	50	

 회색 줄도 세로로 5씩 더하세요.
예시처럼 답이 보이는 덧셈을 소리 내어 읽으세요.

예　1+5=6,　6+5=11,　11+5=16 … 41+5 = 46
　　2+5=7,　7+5=12,　12+5=17 … 42+5 = 47

덧셈 교환법칙

날짜   월   일

'10' 만들기
(젓가락 노래에 맞춰)

무엇이, 무엇이 10이 될까
1과 9, 2와 8, 3과 7, (한번 더) 4와 6, 5와 5죠
9와 1, 8과 2, 7과 3, (한번 더) 6과 4, 5와 5죠

 예시대로 빈칸과 수막대에 수와 덧셈식을 쓴 후 노래에 맞춰 부르세요.

1 + 9 = 10 ▶ | 1 | | | | | | | | | 9 |

9 + 1 = 10 ▶ | | | | | | | | | 9 | 1 |

2 + ☐ = 10 ▶

☐ + ☐ = ☐ ▶

3 + ☐ = ☐ ▶

☐ + ☐ = ☐ ▶

4 + ☐ = ☐ ▶

☐ + ☐ = ☐ ▶

5 + ☐ = ☐ ▶

 덧셈은 더하는 두 수의 순서를 바꿔도 답이 같습니다.

덧셈 교환법칙

날짜   월   일

 예시대로 빈칸을 채우고 화살표를 따라 큰소리로 식을 읽으세요.

예 ① 9 더하기 1 은 10,   ② 1 더하기 9 는 10

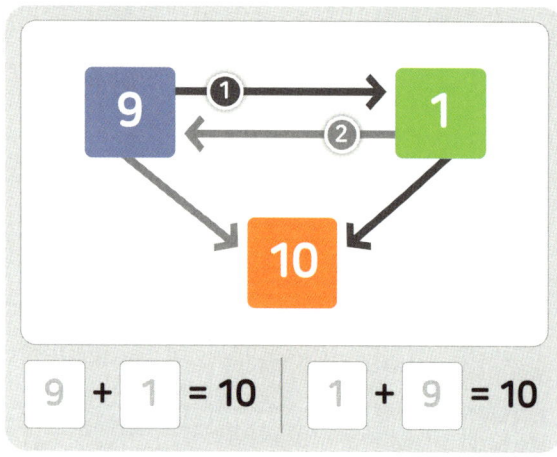

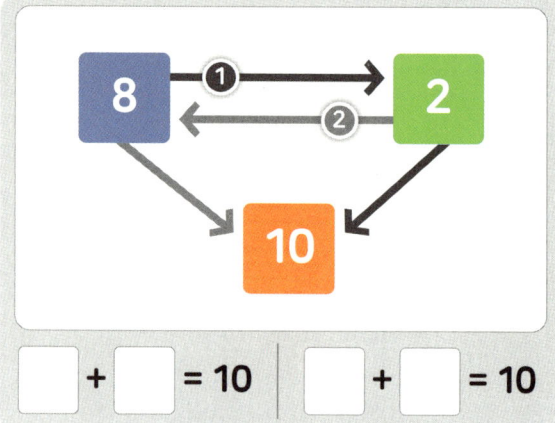

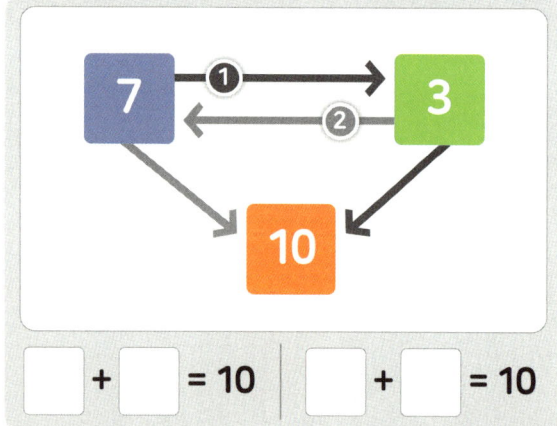

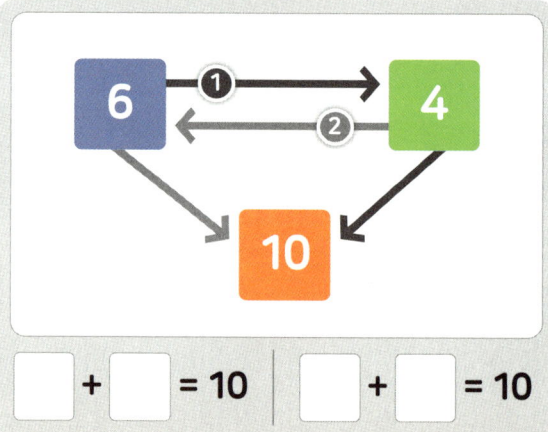

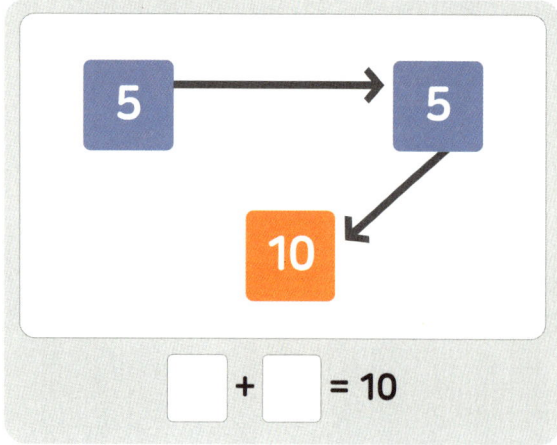

10	
1 + 9	9 +
2 +	+
+	+
+	+
+	

덧셈 교환법칙

날짜   월   일

두 수를 더해서 10이거나 10보다 큰 경우, 받아올림이 있습니다.
덧셈에서 받아올림은 항상 '1'입니다.

 예시대로 두 수를 수 막대에 표시하고 네모 칸에 10이 되는 수를 쓰세요.

| 답이 11인 경우 | 11 = 10 + ☐ |

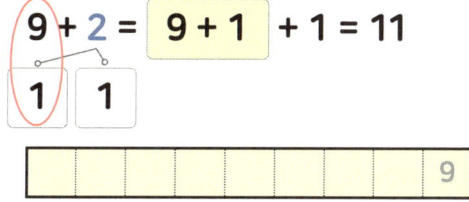

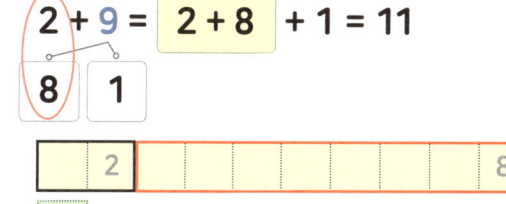

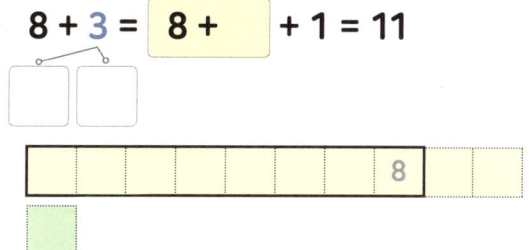

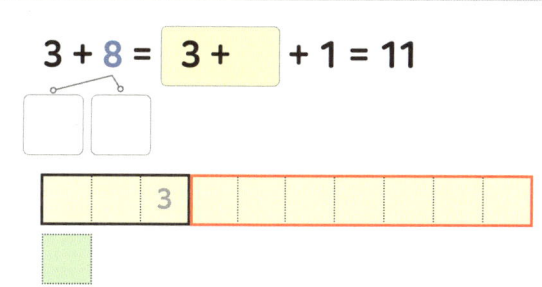

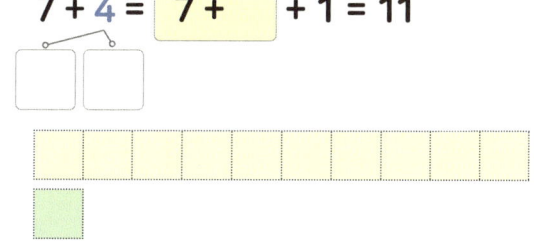

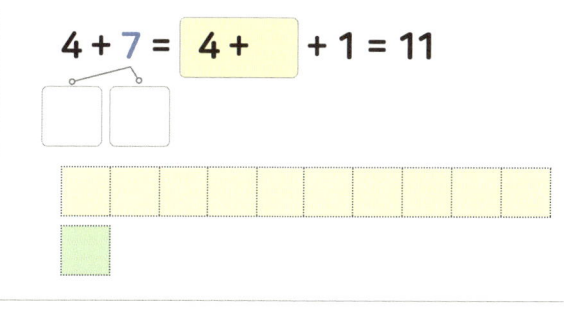

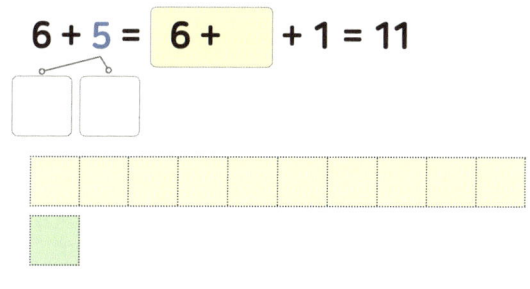

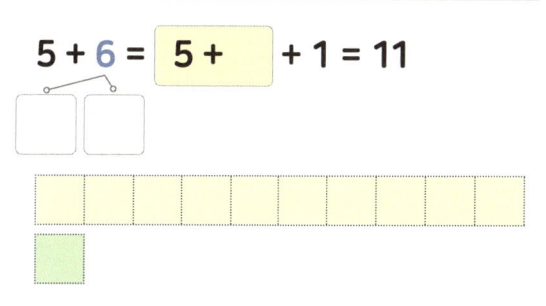

STEP 3 덧셈 교환법칙

날짜   월   일

 예시대로 빈칸을 채우고 화살표를 따라 큰소리로 식을 읽으세요.

예 ❶ 9 더하기 2 는 11, ❷ 2 더하기 9 는 11

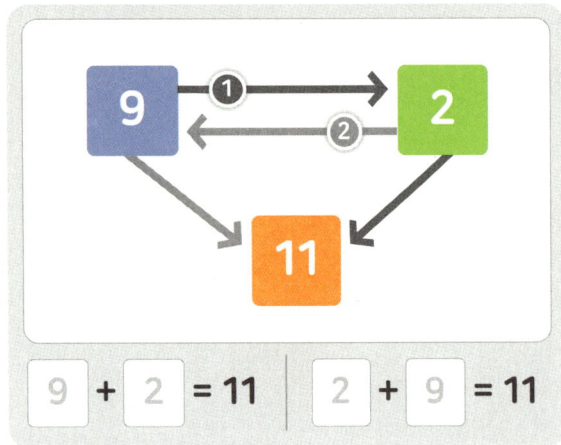

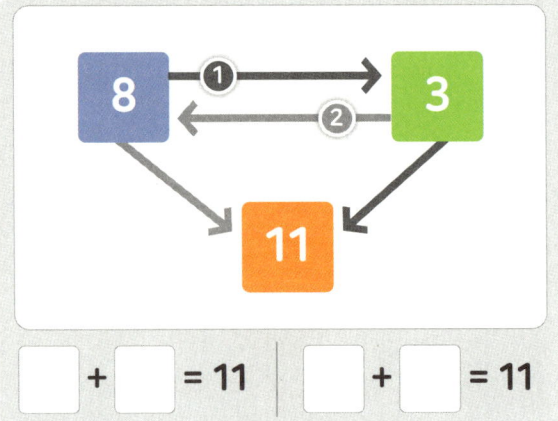

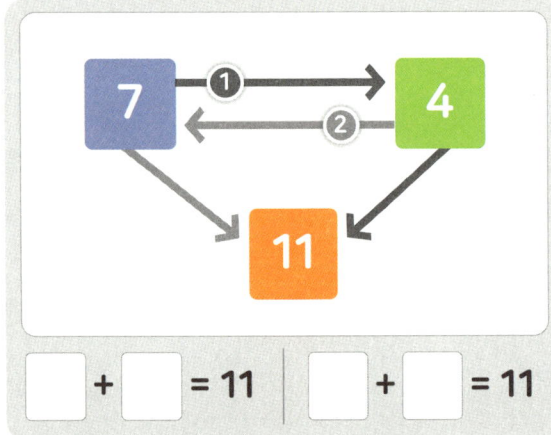

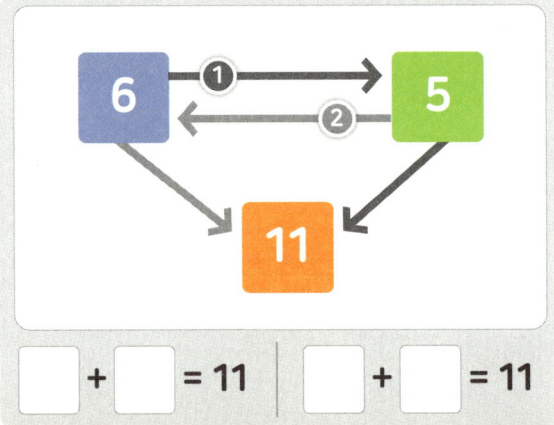

11	
9 + 2	2 + 9
9 + 1 + 1	+ 1
+ + +	+ + +
+ + +	+ + +
+ + +	+ + +

# STEP 3 덧셈 교환법칙

날짜   월   일

📖 이 표로 덧셈 교환법칙, 받아올림, 수 가르기를 쉽게 배웁니다.

✏️ 예시대로 두 수를 수 막대에 표시하고 네모 칸에 10이 되는 수를 쓰세요.

답이 12인 경우   12 = 10 + ☐

9 + 3 = 9 + ☐ + 2 = 12

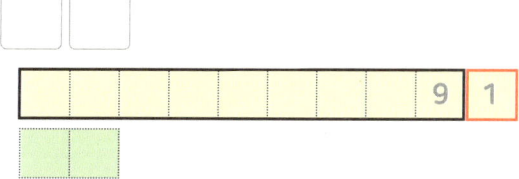
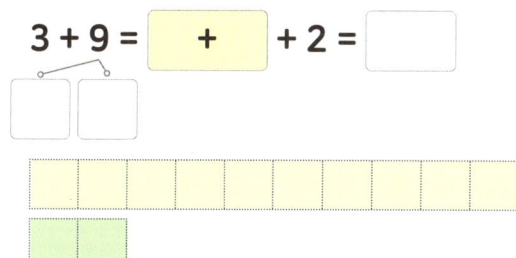

3 + 9 = ☐ + ☐ + 2 = ☐

8 + 4 = ☐ + ☐ + 2 = ☐

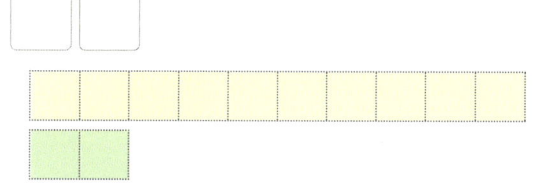
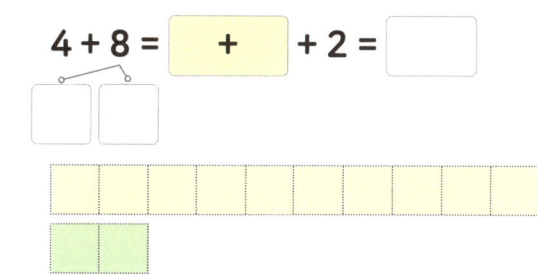

4 + 8 = ☐ + ☐ + 2 = ☐

7 + 5 = ☐ + ☐ + 2 = ☐

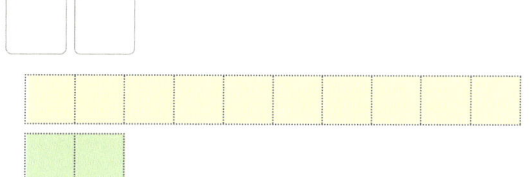
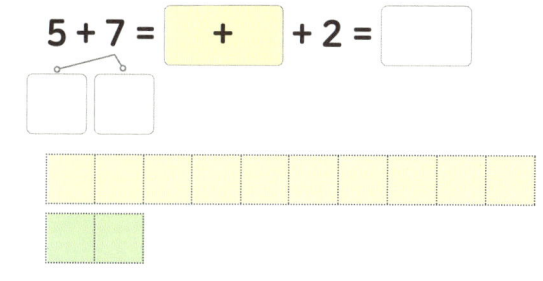

5 + 7 = ☐ + ☐ + 2 = ☐

6 + 6 = ☐ + ☐ + 2 = ☐

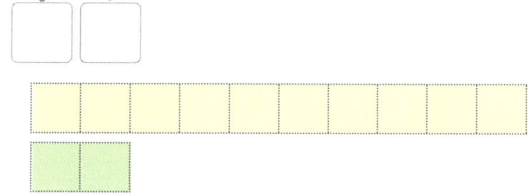
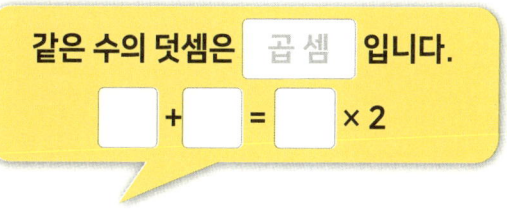

같은 수의 덧셈은 곱셈 입니다.
☐ + ☐ = ☐ × 2

기본 덧셈과 뺄셈

STEP 3 덧셈 교환법칙

날짜   월   일

 예시대로 빈칸을 채우고 화살표를 따라 큰소리로 식을 읽으세요.

예 ❶ 9 더하기 3 은 12, ❷ 3 더하기 9 는 12

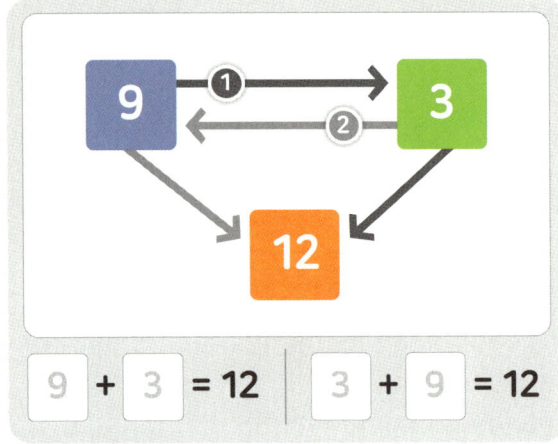
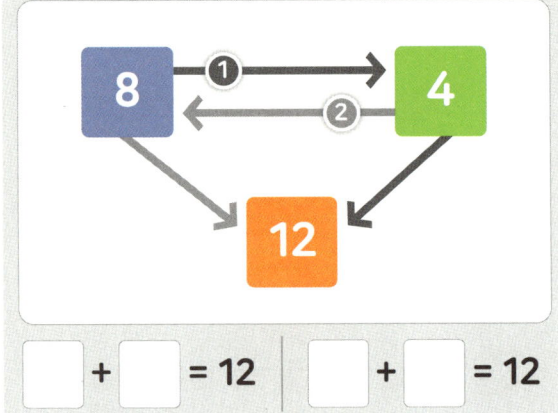
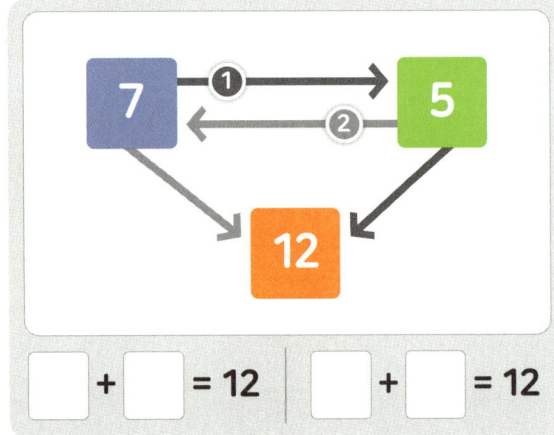
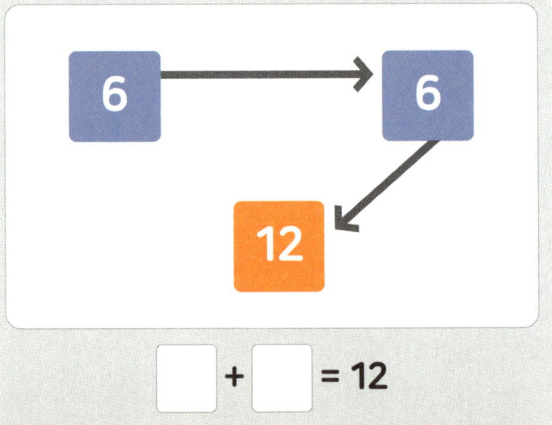
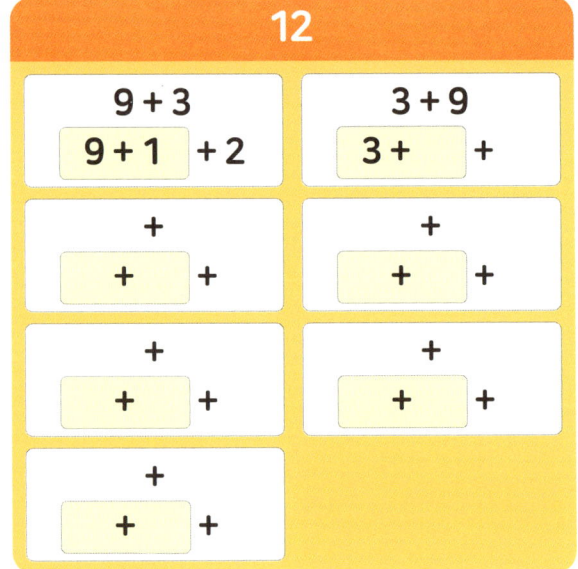

덧셈 교환법칙

날짜   월   일

두 수를 더해서 10이거나 10보다 큰 경우, 받아올림이 있습니다.
덧셈에서 받아올림은 항상 '1'입니다.

 두 수를 수 막대에 표시하고 네모 칸에 10이 되는 수를 쓰세요.

답이 13인 경우   13 = 10 + ☐

9 + 4 = 9 + ☐ + 3 = 13

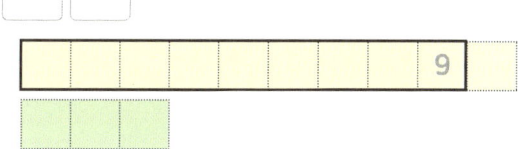

4 + 9 = ☐ + ☐ = ☐

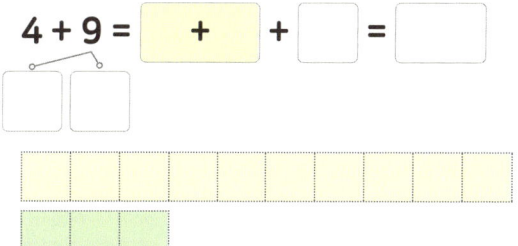

8 + 5 = ☐ + ☐ = ☐

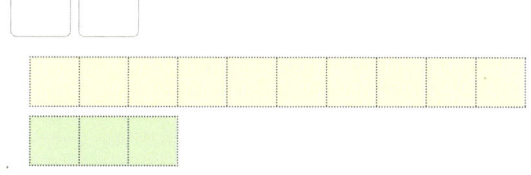

5 + 8 = ☐ + ☐ = ☐

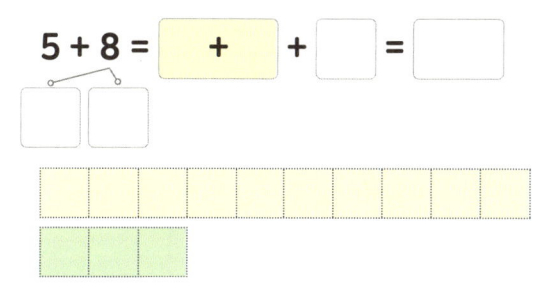

7 + 6 = ☐ + ☐ = ☐

6 + 7 = ☐ + ☐ = ☐

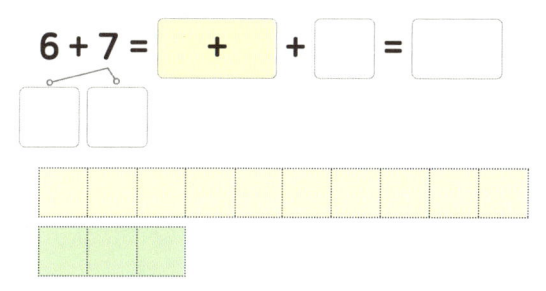

STEP 3 · 덧셈 교환법칙

날짜   월   일

 빈칸을 채우고 화살표를 따라 큰소리로 식을 읽으세요.

예 ① 9 더하기 4 는 13, ② 4 더하기 9 는 13

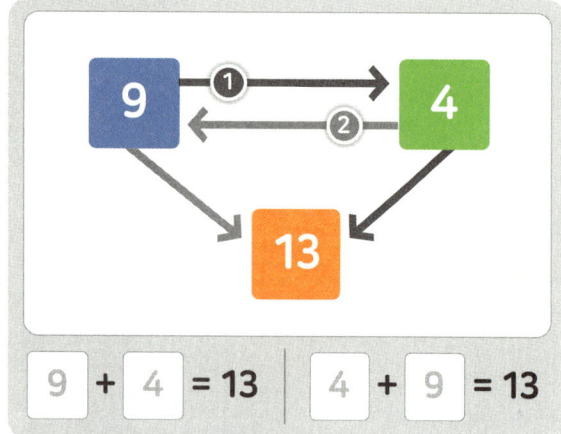
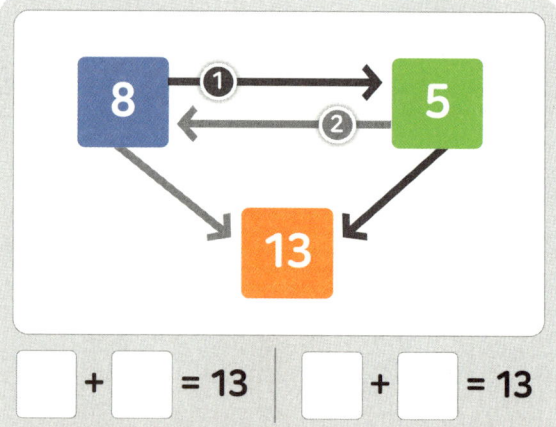
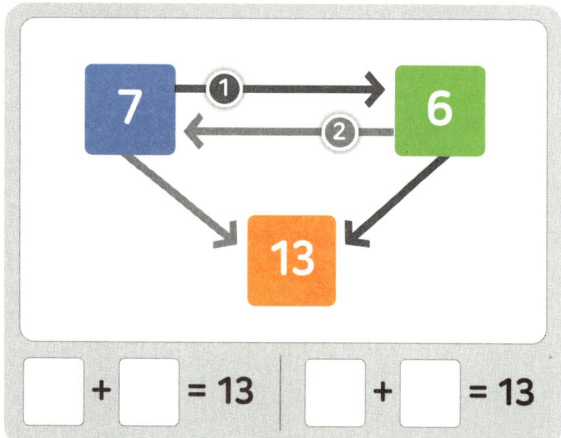
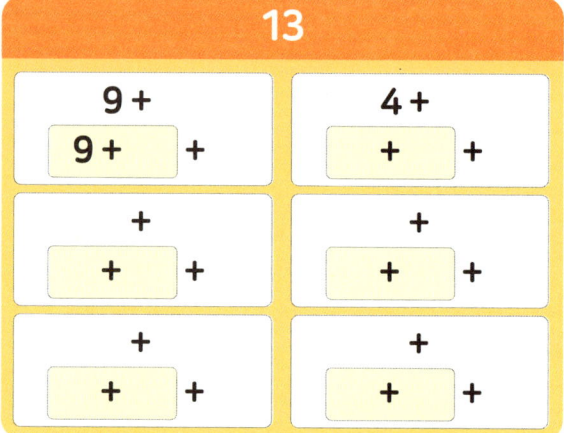

덧셈 교환법칙

날짜   월   일

 두 수를 수 막대에 표시하고 네모 칸에 10이 되는 수를 쓰세요.

답이 14인 경우   14 = 10 + ☐

9 + 5 = 9 + ☐ + 4 = 14

5 + 9 = ☐ + ☐ = ☐

8 + 6 = ☐ + ☐ = ☐

6 + 8 = ☐ + ☐ = ☐

7 + 7 = ☐ + ☐ = ☐

같은 수의 덧셈은 곱셈 입니다.
☐ + ☐ = ☐ × 2

답이 15인 경우   15 = 10 + ☐

9 + 6 = ☐ + ☐ = ☐

6 + 9 = ☐ + ☐ = ☐

8 + 7 = ☐ + ☐ = ☐

7 + 8 = ☐ + ☐ = ☐

기본 덧셈과 뺄셈 19

덧셈 교환법칙

날짜   월   일

 빈칸을 채우고 화살표를 따라 큰소리로 식을 읽으세요.

예 ❶ 9 더하기 5 는 14, ❷ 5 더하기 9 는 14

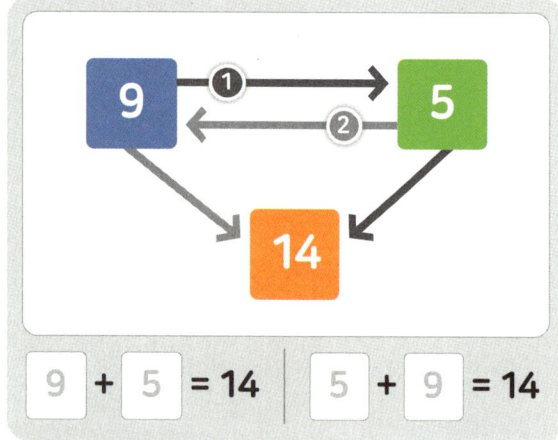

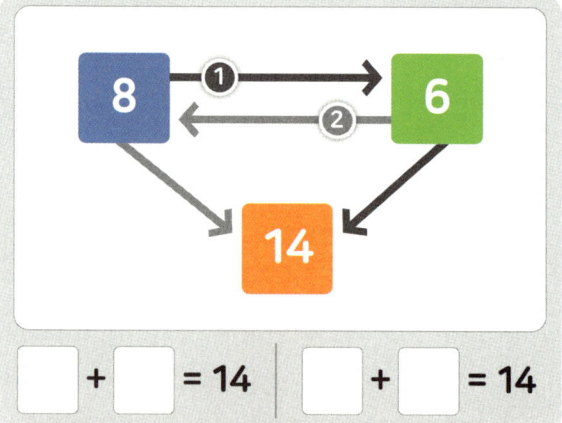

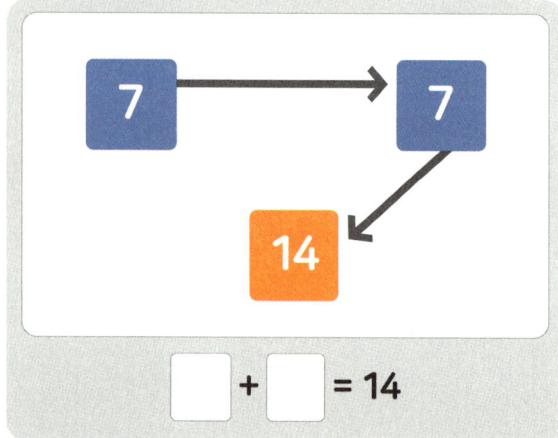

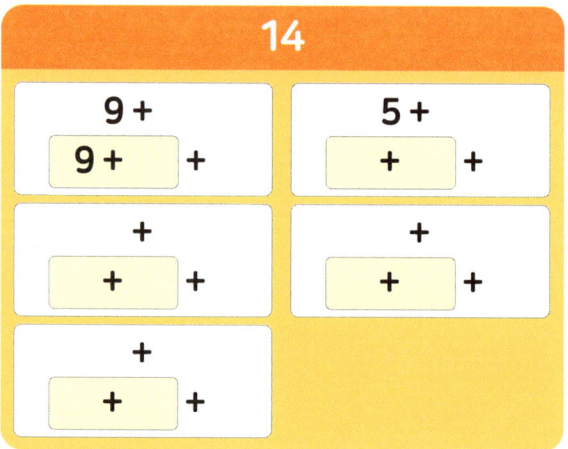

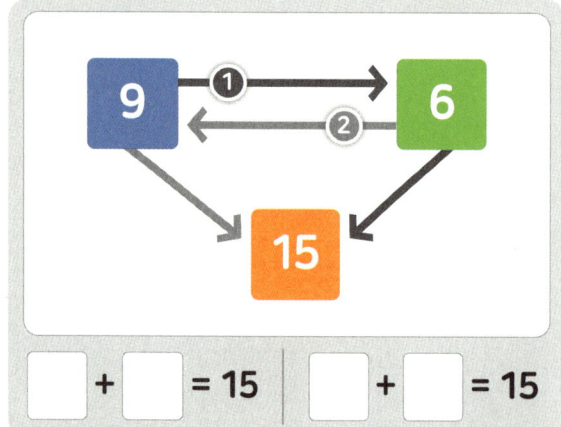

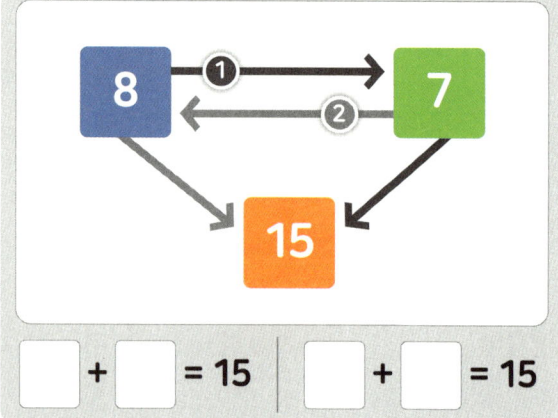

# 덧셈 교환법칙

날짜   월   일

 두 수를 수 막대에 표시하고 네모 칸에 10이 되는 수를 쓰세요.

답이 16인 경우   16 = 10 + ☐

9 + 7 = ☐ + ☐ = ☐

7 + 9 = ☐ + ☐ = ☐

8 + 8 = ☐ + ☐ = ☐

같은 수의 덧셈은 곱셈 입니다.
☐ + ☐ = ☐ × 2

답이 17인 경우   17 = 10 + ☐

9 + 8 = ☐ + ☐ = ☐

8 + 9 = ☐ + ☐ = ☐

답이 18인 경우   18 = 10 + ☐

9 + 9 = ☐ + ☐ = ☐

같은 수의 덧셈은 곱셈 입니다.
☐ + ☐ = ☐ × 2

STEP 3 덧셈 교환법칙

날짜   월   일

 빈칸을 채우고 화살표를 따라 큰소리로 식을 읽으세요.

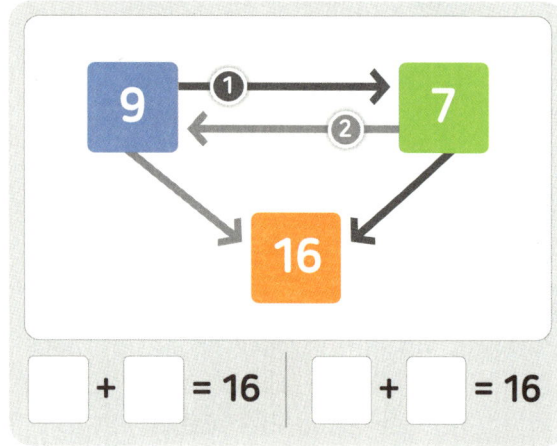

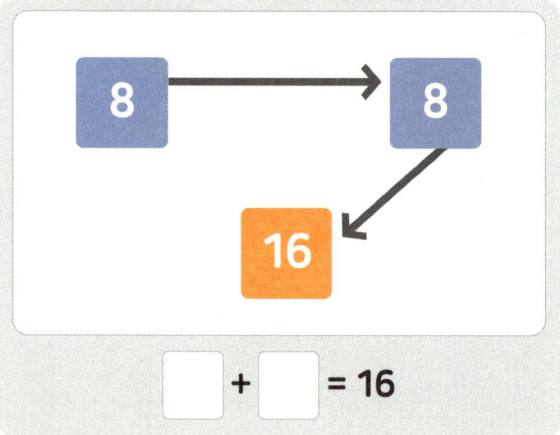

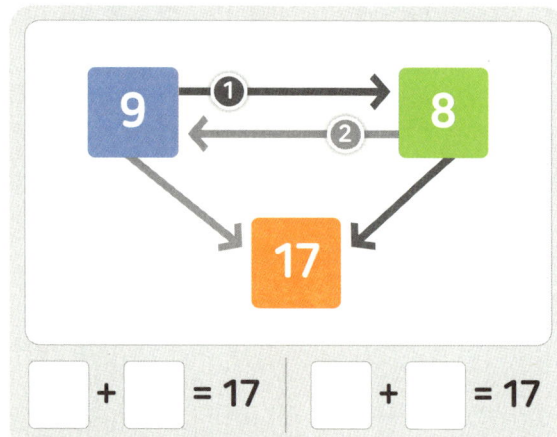

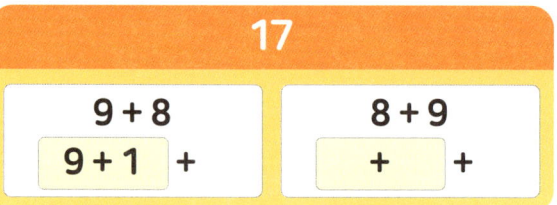

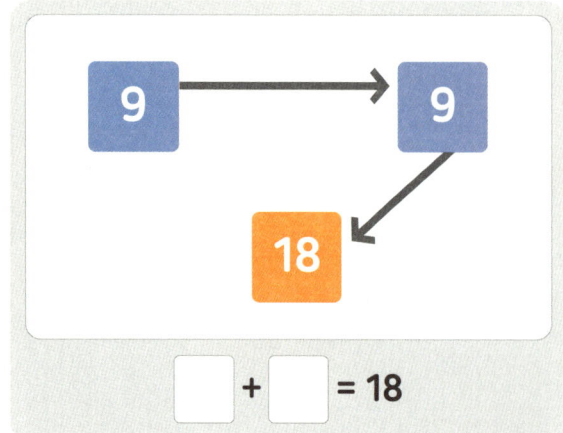

STEP 4 받아올림 덧셈

날짜   월   일

 받아올림의 덧셈 짝을 알면 덧셈이 빨라집니다.

 10~18까지 받아올림이 있는 덧셈식을 쓰세요.

10	
1 + 9	9 +
2 +	+
+	+
+	+
+	

11	
2 +	9 +
+	+
+	+
+	+

12	
3 +	9 +
+	+
+	+
+	

13	
4 +	9 +
+	+
+	+

14	
5 +	+
+	+
+	

15	
6 +	+
+	+

16	
7 +	+
+	

17	
8 +	+

18
9 +

받아올림 덧셈 숙달

날짜   월   일

> 받아올림이 있는 두 수의 짝 25개를 기억하면 덧셈이 빠르고 정확하게 됩니다.

 답에 맞는 덧셈식을 쓰고 큰소리로 3번 읽으세요.

예 9 더하기 1 은 10, 8 더하기 2 는 10

주의 할 점 받아올림 숙달표는 외우려고 해야 도움이 됩니다.

10	11	12	13	14
9 + 1	+	+	+	+
+	+	+	+	+
+	+	+	+	+
+	+	+		
+				

15	16	17	18
+	+	+	+
+	+		

받아올림 덧셈 숙달

날짜   월   일

 받아올림이 있는 덧셈식을 쓰고 큰소리로 3번 읽으세요.

10	11	12	13	14
9 + 1	+	+	+	+
+	+	+	+	+
+	+	+	+	+
+	+	+		
+				

15	16	17	18
+	+	+	+
+	+		

 받아올림이 있는 덧셈식을 쓰고 큰소리로 3번 읽으세요.

10	11	12	13	14
+	+	+	+	+
+	+	+	+	+
+	+	+	+	+
+	+	+		
+				

15	16	17	18
+	+	+	+
+	+		

STEP 4 받아올림 덧셈 숙달

 칸에 맞게 10~18 받아올림이 있는 덧셈식을 쓰세요.

 칸에 맞게 10~18 받아올림이 있는 덧셈식을 쓰세요.

STEP 4 받아올림 덧셈 숙달

날짜   월   일

 10~18까지 받아올림이 있는 덧셈식을 쓰고 큰소리로 3번 읽으세요.

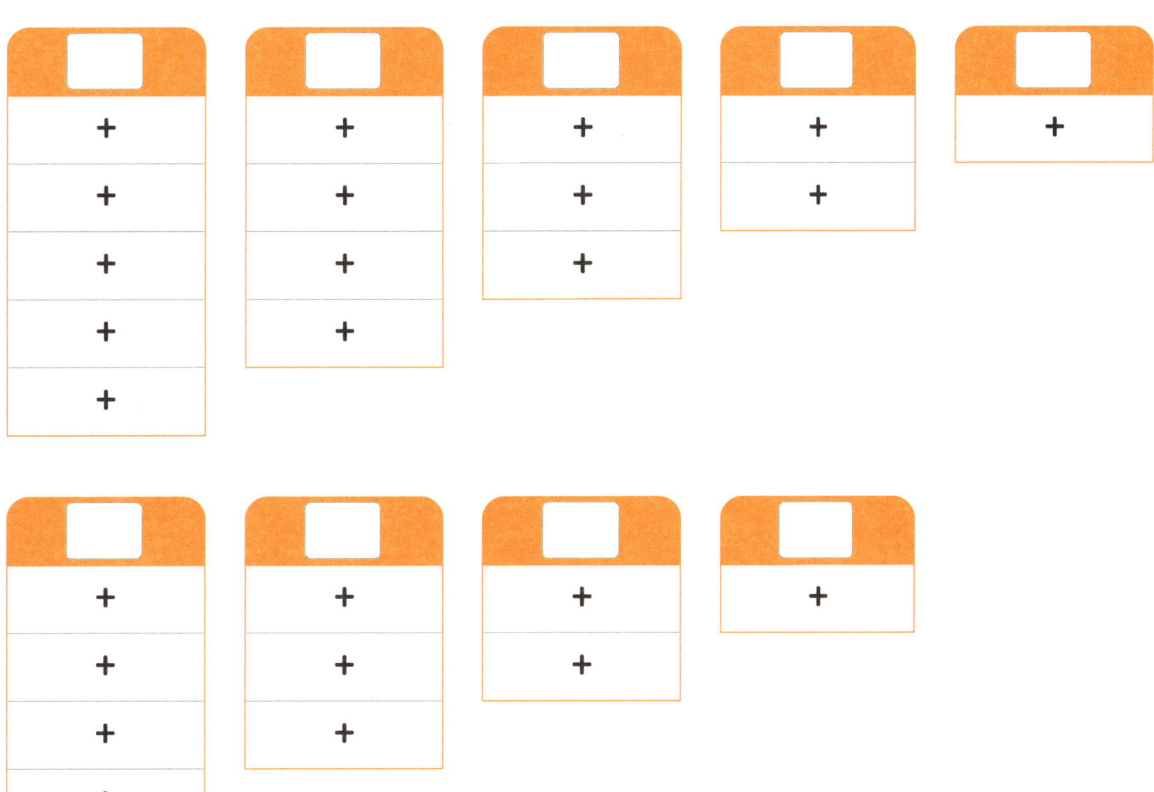

 문장을 따라쓰고 큰소리로 읽으세요.

01 덧셈은 두 수의 순서를 바꿔도 답이 같습니다.
→

02 덧셈에서 받아올림은 항상 1입니다.
→

받아올림 덧셈 숙달

날짜   월   일

 10~18까지 받아올림이 있는 덧셈식을 쓰고 큰소리로 3번 읽으세요.

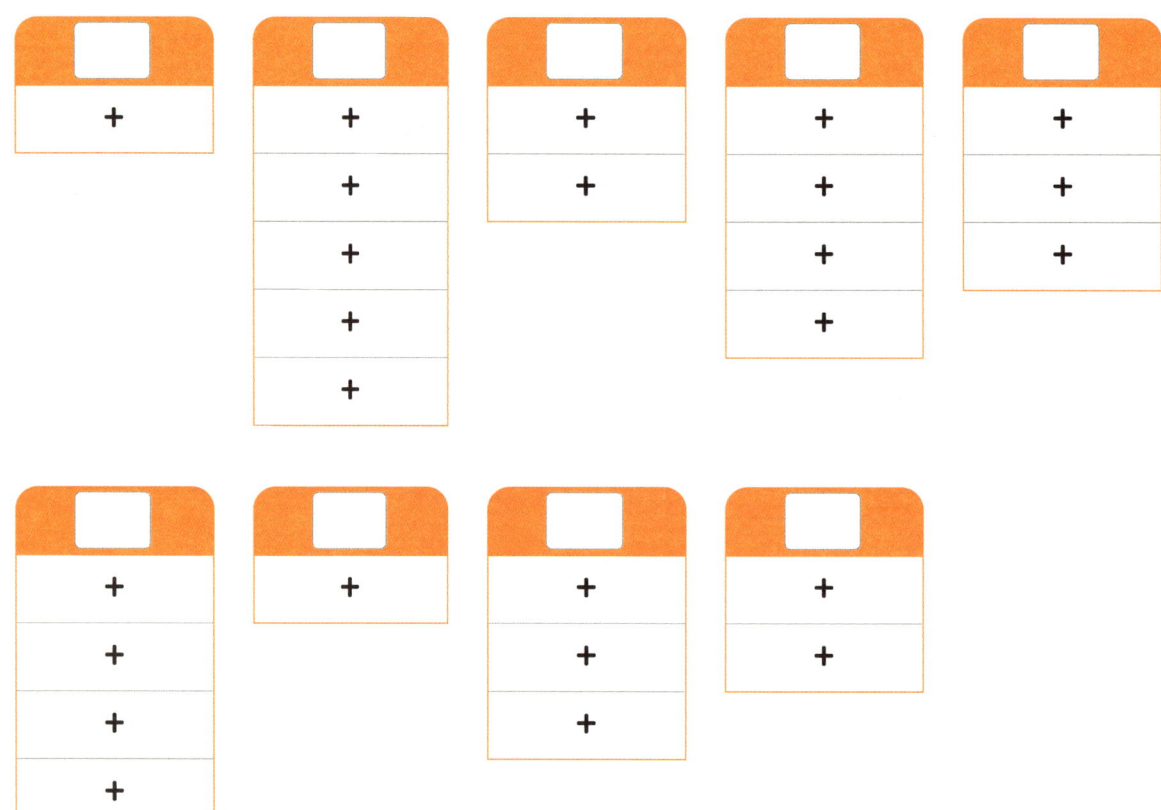

 문장을 따라쓰고 큰소리로 읽으세요.

01 덧셈은 두 수의 순서를 바꿔도 답이 같습니다.
→

02 덧셈에서 받아올림은 항상 1입니다.
→

받아올림 덧셈 숙달

날짜   월   일

 예시대로 연산 기호를 뺀 받아올림의 덧셈 짝을 쓴 후, 필요 없는 칸은 지우세요. 큰소리로 3번 읽으세요.

 문장을 따라쓰고 큰소리로 읽으세요.

01 덧셈은 두 수의 순서를 바꿔도 답이 같습니다.
→

02 덧셈에서 받아올림은 항상 1입니다.
→

받아올림 덧셈 숙달

날짜   월   일

 예시대로 연산 기호를 뺀 받아올림의 덧셈 짝을 쓴 후, 필요 없는 칸은 지우세요. 큰소리로 3번 읽으세요.

 문장을 따라쓰고 큰소리로 읽으세요.

01 덧셈은 두 수의 순서를 바꿔도 답이 같습니다.
→

02 덧셈에서 받아올림은 항상 1입니다.
→

STEP 5 덧셈

날짜   월   일

 덧셈을 하세요.

01	3 + 2 =	22	3 + 8 =	43	8 + 6 =
02	3 + 5 =	23	5 + 5 =	44	8 + 3 =
03	3 + 3 =	24	5 + 7 =	45	8 + 7 =
04	3 + 6 =	25	5 + 9 =	46	8 + 9 =
05	3 + 4 =	26	5 + 6 =	47	8 + 4 =
06	5 + 2 =	27	5 + 8 =	48	8 + 8 =
07	5 + 4 =	28	2 + 9 =	49	7 + 5 =
08	5 + 3 =	29	2 + 7 =	50	7 + 6 =
09	2 + 5 =	30	2 + 8 =	51	7 + 3 =
10	2 + 3 =	31	4 + 7 =	52	7 + 7 =
11	2 + 6 =	32	4 + 9 =	53	7 + 9 =
12	2 + 4 =	33	4 + 6 =	54	7 + 4 =
13	4 + 2 =	34	4 + 8 =	55	7 + 8 =
14	4 + 5 =	35	6 + 5 =	56	9 + 2 =
15	4 + 4 =	36	6 + 4 =	57	9 + 5 =
16	4 + 3 =	37	6 + 7 =	58	9 + 6 =
17	6 + 2 =	38	6 + 9 =	59	9 + 3 =
18	6 + 3 =	39	6 + 6 =	60	9 + 7 =
19	7 + 2 =	40	6 + 8 =	61	9 + 9 =
20	3 + 9 =	41	8 + 2 =	62	9 + 4 =
21	3 + 7 =	42	8 + 5 =	63	9 + 8 =

STEP 5 덧셈

날짜   월   일

 덧셈을 하세요.

01	2 + 5 =	22	2 + 8 =	43	6 + 5 =
02	2 + 3 =	23	5 + 5 =	44	6 + 4 =
03	2 + 6 =	24	5 + 7 =	45	6 + 7 =
04	2 + 4 =	25	5 + 9 =	46	6 + 9 =
05	5 + 2 =	26	5 + 6 =	47	6 + 6 =
06	5 + 4 =	27	5 + 8 =	48	6 + 8 =
07	5 + 3 =	28	3 + 9 =	49	9 + 2 =
08	3 + 2 =	29	3 + 7 =	50	9 + 5 =
09	3 + 5 =	30	3 + 8 =	51	9 + 6 =
10	3 + 3 =	31	4 + 7 =	52	9 + 3 =
11	3 + 6 =	32	4 + 9 =	53	9 + 7 =
12	3 + 4 =	33	4 + 6 =	54	9 + 9 =
13	4 + 2 =	34	4 + 8 =	55	9 + 4 =
14	4 + 5 =	35	8 + 2 =	56	9 + 8 =
15	4 + 4 =	36	8 + 5 =	57	7 + 5 =
16	4 + 3 =	37	8 + 6 =	58	7 + 6 =
17	6 + 2 =	38	8 + 3 =	59	7 + 3 =
18	6 + 3 =	39	8 + 7 =	60	7 + 7 =
19	7 + 2 =	40	8 + 9 =	61	7 + 9 =
20	2 + 9 =	41	8 + 4 =	62	7 + 4 =
21	2 + 7 =	42	8 + 8 =	63	7 + 8 =

02

기본 뺄셈

- **STEP 1** 뺄셈
- **STEP 2** 덧셈과 뺄셈 연습
- **STEP 3** 덧셈과 뺄셈 숙달
- **STEP 4** 뺄셈

STEP 1 뺄셈

 예시처럼 빈칸에 뺄셈식을 쓴 후 네모 칸을 지우세요.
큰소리로 식을 읽으세요.

10 - 1 = 9

10 - 9 = 1

10 - 2 =

10 - 8 =

10 - 3 =

10 - 7 =

10 - 4 =

10 - 6 =

10 - 5 =

덧셈과 뺄셈 연습

날짜   월   일

받아올림이 있는 두 수의 짝 25개를 기억하면 덧셈과 뺄셈이 빠르고 정확하게 됩니다.

 예시대로 빈칸을 채우고 큰소리로 식을 읽으세요.

예 손으로 화살표를 따라가면서 큰소리로 아래 문장을 읽으세요.
① ☐ 더하기 ☐ 은/는 10, (반대 방향으로) 10 빼기 ☐ 은/는 ☐
② ☐ 더하기 ☐ 은/는 10, (반대 방향으로) 10 빼기 ☐ 은/는 ☐

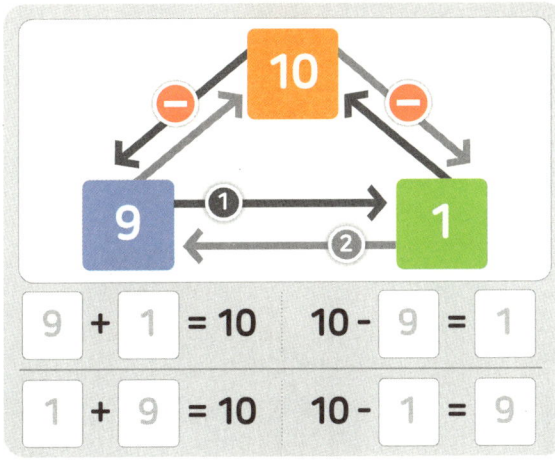
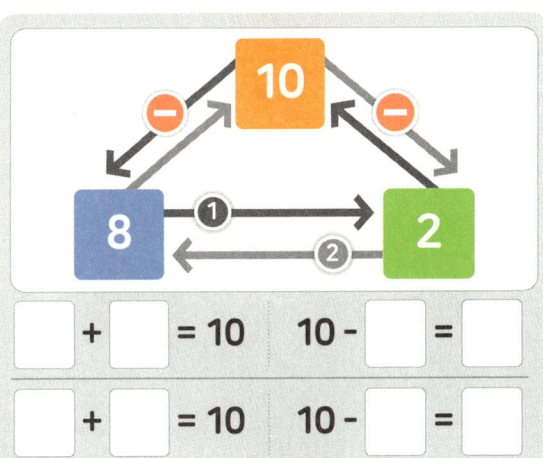
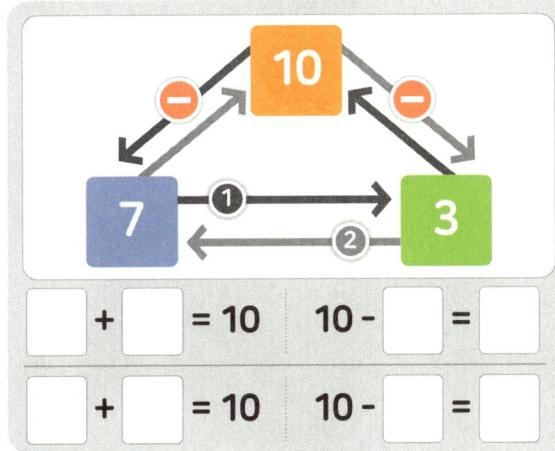
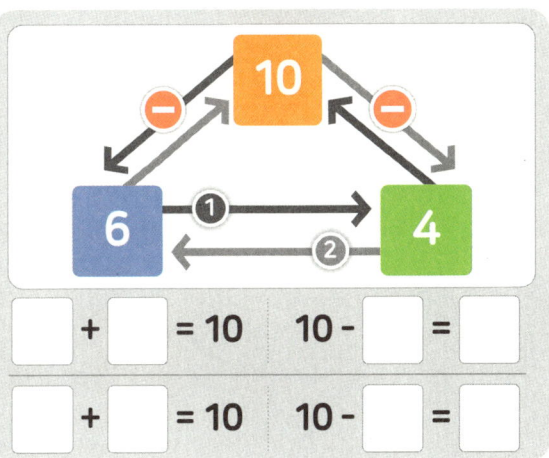
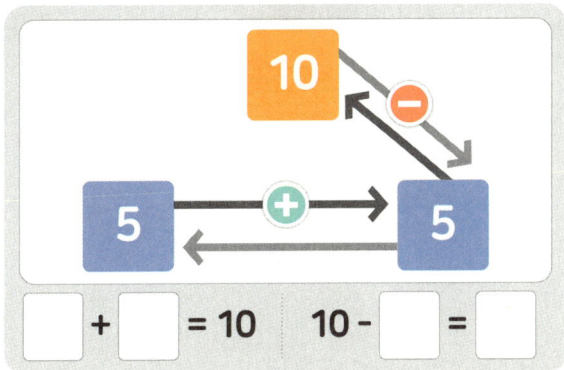

STEP 2 덧셈과 뺄셈 연습

날짜   월   일

받아올림이 있는 두 수의 짝 25개를 기억하면 덧셈과 뺄셈이 빠르고 정확하게 됩니다.

예시대로 빈칸을 채우고 큰소리로 식을 읽으세요.

예 손으로 화살표를 따라가면서 큰소리로 아래 문장을 읽으세요.

❶ ☐ 더하기 ☐ 은/는 11, (반대 방향으로) 11 빼기 ☐ 은/는 ☐

❷ ☐ 더하기 ☐ 은/는 11, (반대 방향으로) 11 빼기 ☐ 은/는 ☐

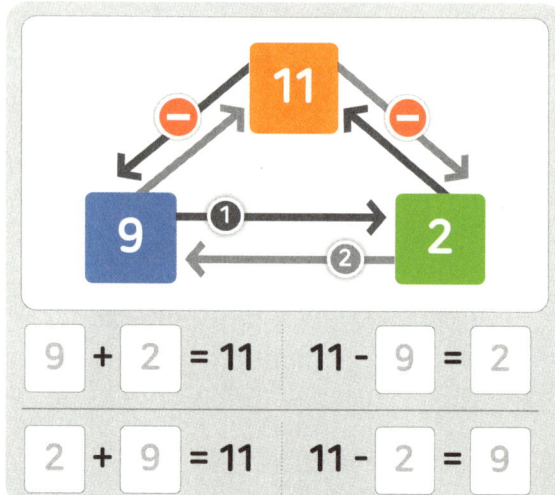

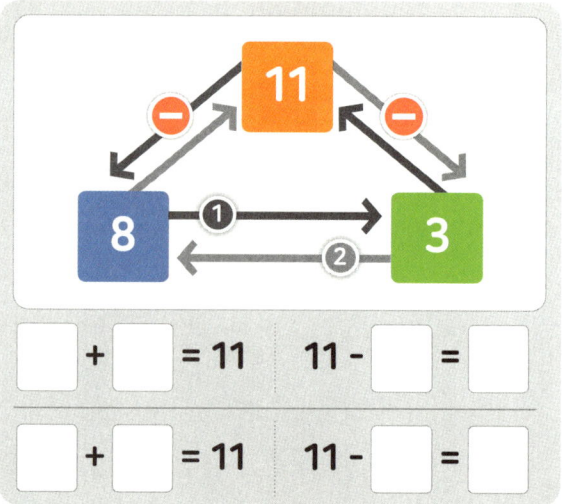

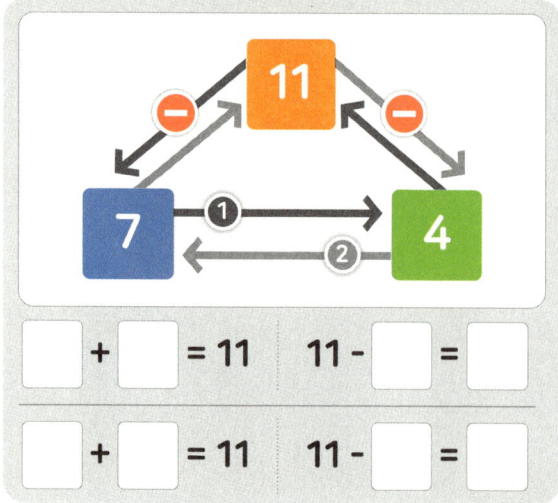

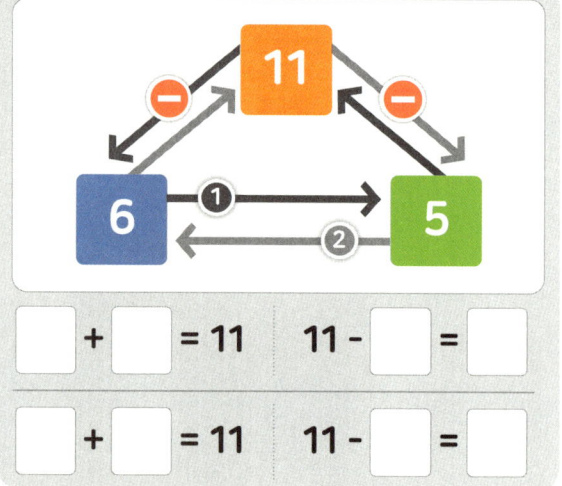

덧셈과 뺄셈 연습

날짜   월   일

받아올림이 있는 두 수의 짝 25개를 기억하면 덧셈과 뺄셈이 빠르고 정확하게 됩니다.

 예시대로 빈칸을 채우고 큰소리로 식을 읽으세요.

예 손으로 화살표를 따라가면서 큰소리로 아래 문장을 읽으세요.

❶ ☐ 더하기 ☐ 은/는 12, (반대 방향으로) 12 빼기 ☐ 은/는 ☐

❷ ☐ 더하기 ☐ 은/는 12, (반대 방향으로) 12 빼기 ☐ 은/는 ☐

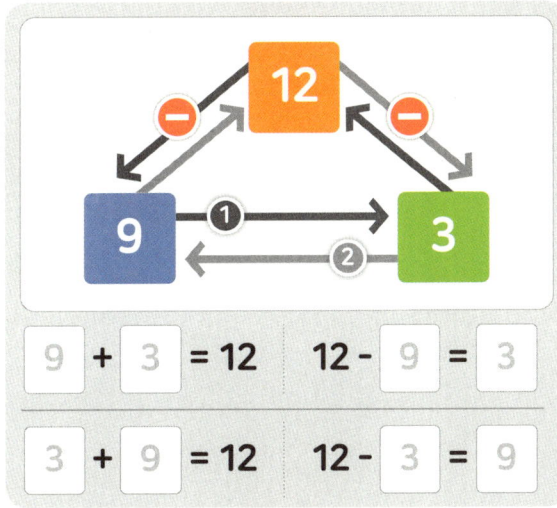

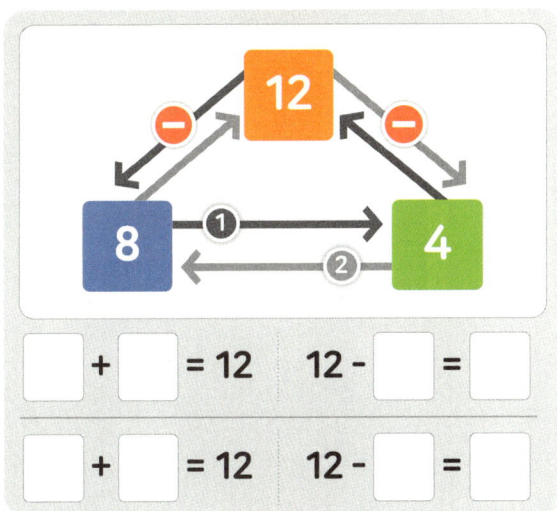

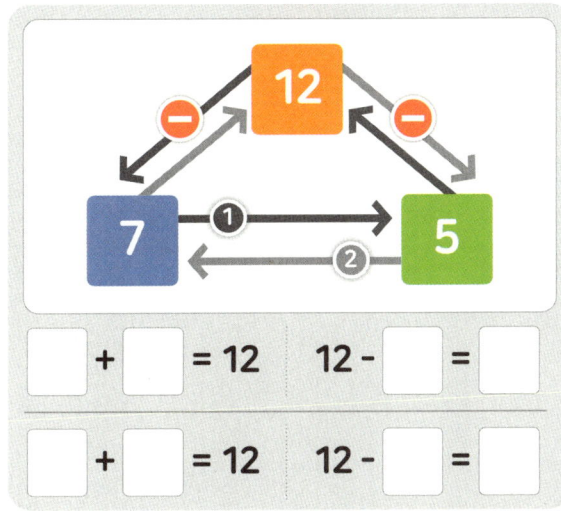

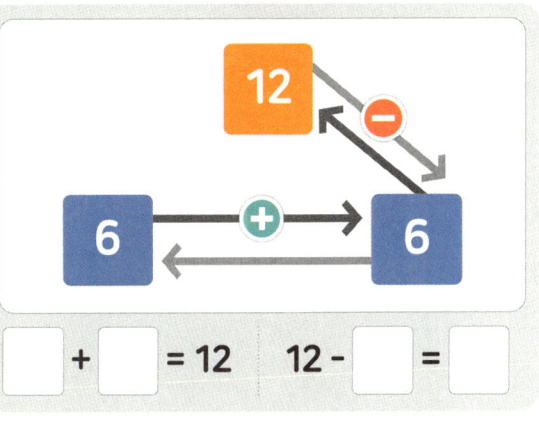

# STEP 2 덧셈과 뺄셈 연습

날짜　월　일

받아올림이 있는 두 수의 짝 25개를 기억하면 덧셈과 뺄셈이 빠르고 정확하게 됩니다.

 예시대로 빈칸을 채우고 큰소리로 식을 읽으세요.

예 손으로 화살표를 따라가면서 큰소리로 아래 문장을 읽으세요.

① ☐ 더하기 ☐ 은/는 13, (반대 방향으로) 13 빼기 ☐ 은/는 ☐
② ☐ 더하기 ☐ 은/는 13, (반대 방향으로) 13 빼기 ☐ 은/는 ☐

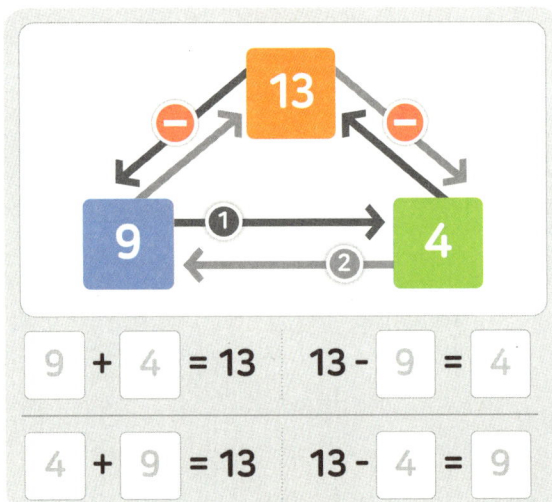

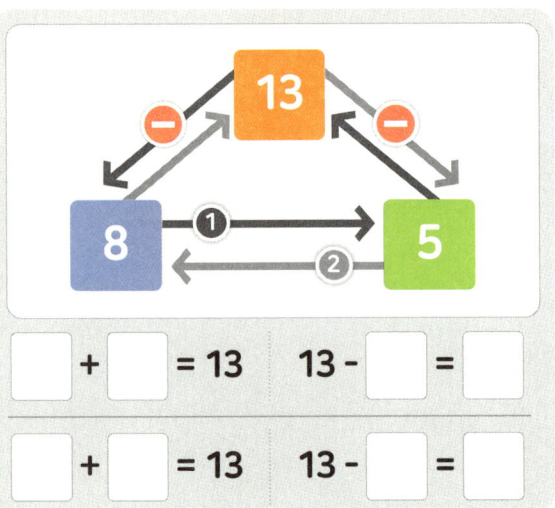

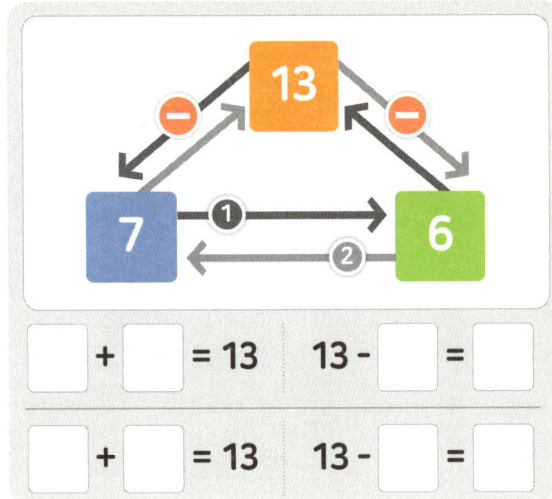

덧셈과 뺄셈 연습

날짜   월   일

받아올림이 있는 두 수의 짝 25개를 기억하면 덧셈과 뺄셈이 빠르고 정확하게 됩니다.

 예시대로 빈칸을 채우고 큰소리로 식을 읽으세요.

 손으로 화살표를 따라가면서 큰소리로 아래 문장을 읽으세요.

❶ ☐ 더하기 ☐ 은/는 14, (반대 방향으로) 14 빼기 ☐ 은/는 ☐

❷ ☐ 더하기 ☐ 은/는 14, (반대 방향으로) 14 빼기 ☐ 은/는 ☐

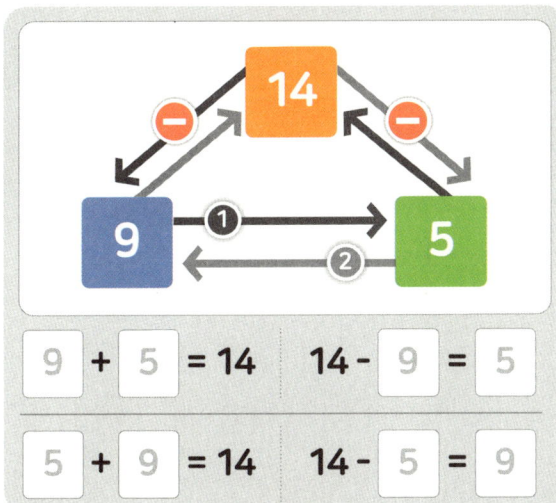

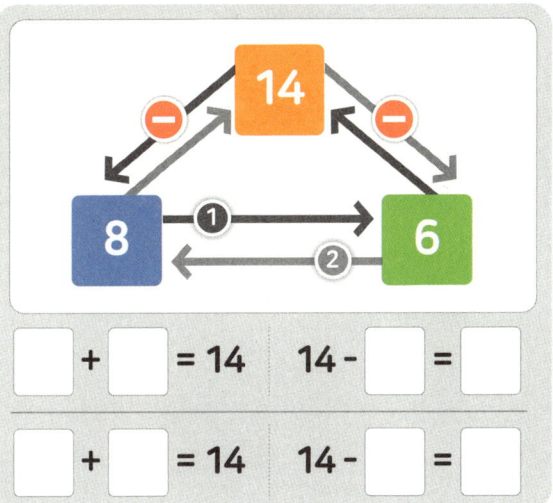

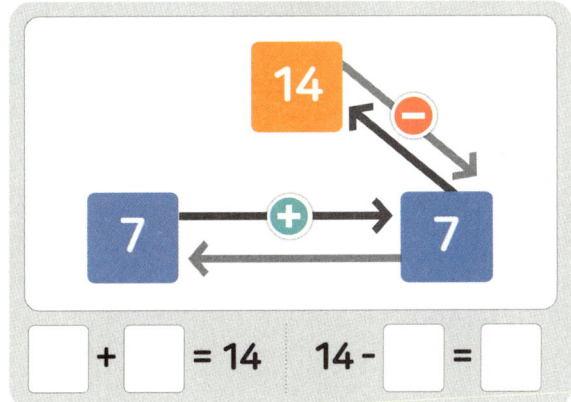

STEP 2 덧셈과 뺄셈 연습

날짜   월   일

 예시대로 빈칸을 채우고 큰소리로 식을 읽으세요.

| 예 | 손으로 화살표를 따라가면서 큰소리로 아래 문장을 읽으세요. |

① ☐ 더하기 ☐ 은/는 15, (반대 방향으로) 15 빼기 ☐ 은/는 ☐
② ☐ 더하기 ☐ 은/는 15, (반대 방향으로) 15 빼기 ☐ 은/는 ☐

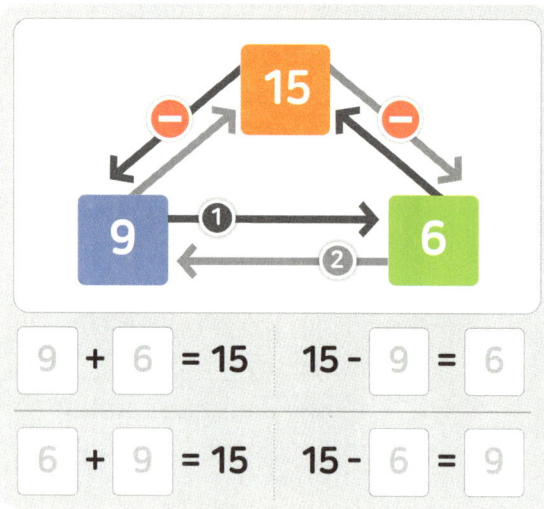

9 + 6 = 15   15 - 9 = 6
6 + 9 = 15   15 - 6 = 9

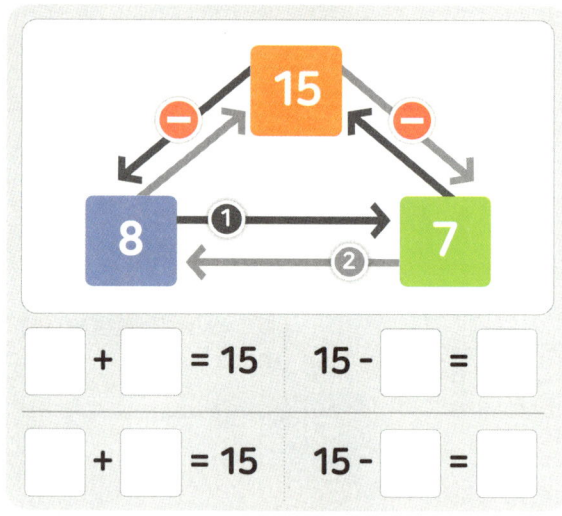

☐ + ☐ = 15   15 - ☐ = ☐
☐ + ☐ = 15   15 - ☐ = ☐

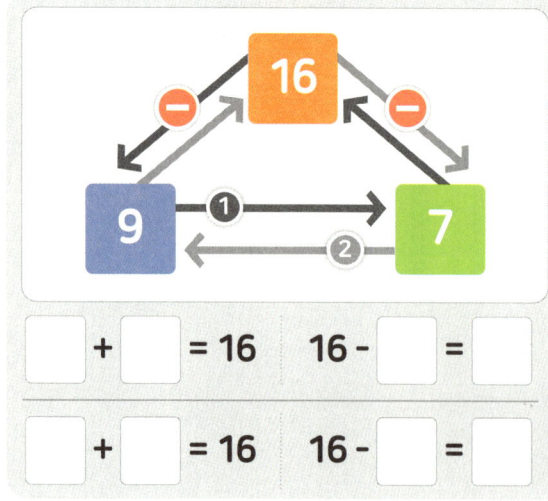

☐ + ☐ = 16   16 - ☐ = ☐
☐ + ☐ = 16   16 - ☐ = ☐

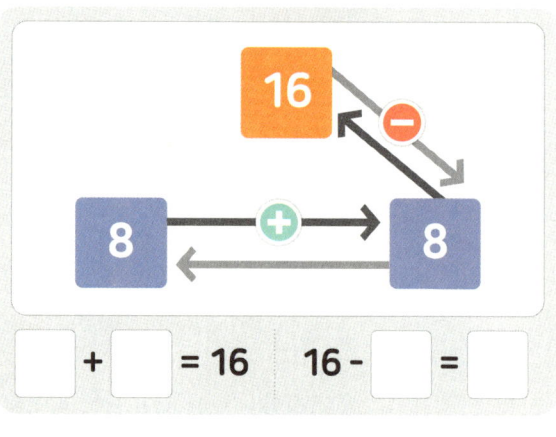

☐ + ☐ = 16   16 - ☐ = ☐

STEP 2 덧셈과 뺄셈 연습

날짜   월   일

 예시대로 빈칸을 채우고 큰소리로 식을 읽으세요.

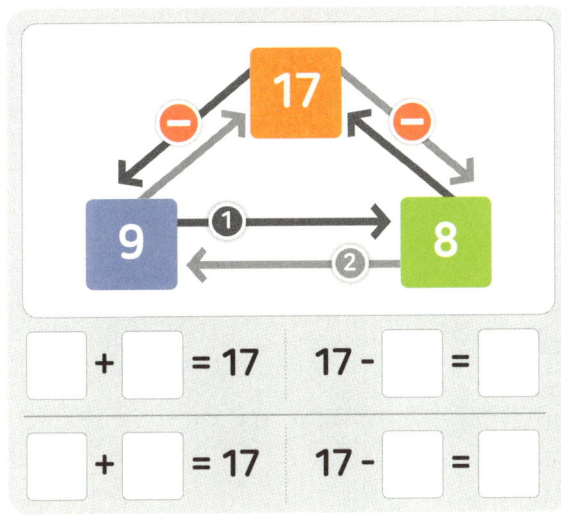

손으로 화살표를 따라가면서 큰소리로 아래 문장을 읽으세요.

① ☐ 더하기 ☐ 은 17
② 17 빼기 ☐ 은 ☐
③ ☐ 더하기 ☐ 는 17
④ 17 빼기 ☐ 는 ☐

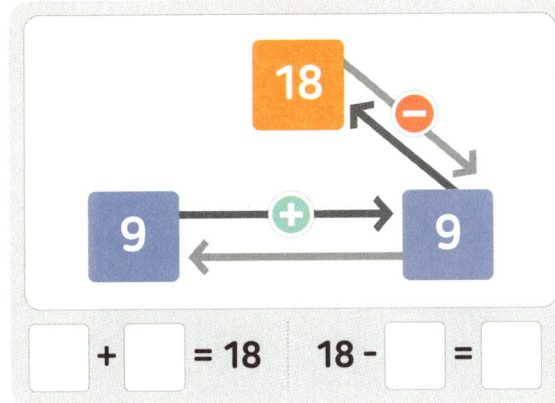

손으로 화살표를 따라가면서 큰소리로 아래 문장을 읽으세요.

① ☐ 더하기 ☐ 는 18
② 18 빼기 ☐ 는 ☐

덧셈과 뺄셈 숙달

날짜   월   일

받아올림이 있는 두 수의 짝 25개를 기억하면 덧셈과 뺄셈이 빠르고 정확하게 됩니다.

 연산 기호를 뺀 받아올림의 덧셈 짝을 쓰세요.
큰소리로 3번 읽으세요.

예 큰소리로 아래 문장을 읽으세요.

❶ ☐ 더하기 ☐ 은/는 10, ☐ 더하기 ☐ 은/는 10

❷ 10 빼기 ☐ 은/는 ☐ , 10 빼기 ☐ 은/는 ☐

STEP 3 덧셈과 뺄셈 숙달

날짜   월   일

받아올림이 있는 두 수의 짝 25개를 기억하면 덧셈과 뺄셈이 빠르고 정확하게 됩니다.

 연산 기호를 뺀 받아올림의 덧셈 짝을 쓰고, 필요 없는 칸은 지우세요. 큰소리로 3번 읽으세요.

예 큰소리로 아래 문장을 읽으세요.
1. ☐ 더하기 ☐ 은/는 14, ☐ 더하기 ☐ 은/는 14
2. 14 빼기 ☐ 은/는 ☐, 14 빼기 ☐ 은/는 ☐

덧셈과 뺄셈 숙달

날짜   월   일

받아올림이 있는 두 수의 짝 25개를 기억하면 덧셈과 뺄셈이 빠르고 정확하게 됩니다.

연산 기호를 뺀 받아올림의 덧셈 짝을 쓰고, 필요 없는 칸은 지우세요. 큰소리로 3번 읽으세요.

예 | 큰소리로 아래 문장을 읽으세요.

① ☐ 더하기 ☐ 은/는 13, ☐ 더하기 ☐ 은/는 13

② 13 빼기 ☐ 은/는 ☐ , 13 빼기 ☐ 은/는 ☐

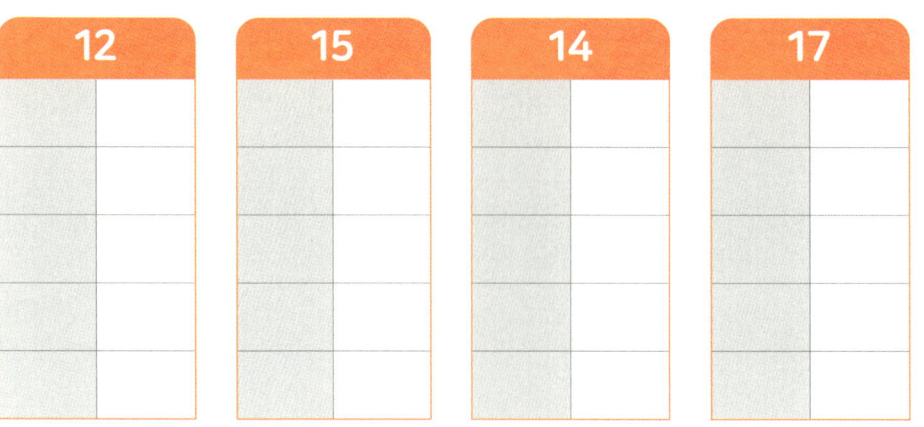

STEP 4 뺄셈

 뺄셈을 하세요.

01. 13 - 2 =
02. 13 - 3 =
03. 16 - 3 =
04. 16 - 5 =
05. 16 - 2 =
06. 16 - 4 =
07. 14 - 2 =
08. 14 - 4 =
09. 14 - 3 =
10. 15 - 4 =
11. 15 - 2 =
12. 17 - 3 =
13. 17 - 5 =
14. 17 - 2 =
15. 17 - 4 =
16. 17 - 6 =
17. 17 - 7 =
18. 18 - 3 =
19. 18 - 5 =
20. 18 - 2 =
21. 18 - 4 =

22. 18 - 8 =
23. 18 - 6 =
24. 18 - 9 =
25. 18 - 7 =
26. 11 - 3 =
27. 11 - 5 =
28. 11 - 2 =
29. 11 - 4 =
30. 11 - 8 =
31. 11 - 6 =
32. 11 - 9 =
33. 11 - 7 =
34. 14 - 5 =
35. 14 - 6 =
36. 14 - 9 =
37. 14 - 7 =
38. 14 - 8 =
39. 10 - 7 =
40. 10 - 4 =
41. 12 - 5 =
42. 12 - 4 =

43. 12 - 3 =
44. 12 - 6 =
45. 12 - 9 =
46. 12 - 7 =
47. 12 - 8 =
48. 15 - 6 =
49. 15 - 9 =
50. 15 - 7 =
51. 15 - 8 =
52. 13 - 5 =
53. 13 - 4 =
54. 13 - 6 =
55. 13 - 9 =
56. 13 - 7 =
57. 13 - 8 =
58. 16 - 8 =
59. 16 - 9 =
60. 16 - 7 =
61. 18 - 9 =
62. 17 - 8 =
63. 17 - 9 =

STEP 4 뺄셈

 뺄셈을 하세요.

01 18 - 3 =
02 18 - 5 =
03 18 - 2 =
04 18 - 4 =
05 18 - 8 =
06 18 - 6 =
07 18 - 9 =
08 18 - 7 =
09 16 - 3 =
10 16 - 5 =
11 16 - 2 =
12 16 - 4 =
13 17 - 3 =
14 17 - 5 =
15 17 - 2 =
16 17 - 4 =
17 17 - 6 =
18 17 - 7 =
19 13 - 2 =
20 13 - 3 =
21 15 - 4 =

22 15 - 2 =
23 14 - 2 =
24 14 - 4 =
25 14 - 3 =
26 18 - 9 =
27 16 - 8 =
28 16 - 9 =
29 16 - 7 =
30 11 - 3 =
31 11 - 5 =
32 11 - 2 =
33 11 - 4 =
34 11 - 8 =
35 11 - 6 =
36 11 - 9 =
37 11 - 7 =
38 17 - 8 =
39 17 - 9 =
40 13 - 5 =
41 13 - 4 =
42 10 - 3 =

43 13 - 6 =
44 13 - 9 =
45 13 - 7 =
46 13 - 8 =
47 15 - 6 =
48 15 - 9 =
49 15 - 7 =
50 15 - 8 =
51 12 - 5 =
52 12 - 4 =
53 12 - 3 =
54 12 - 6 =
55 12 - 9 =
56 12 - 7 =
57 12 - 8 =
58 14 - 5 =
59 14 - 6 =
60 14 - 9 =
61 14 - 7 =
62 14 - 8 =
63 10 - 6 =

03

자릿수 확장

STEP 1	자릿수 확장 특징
STEP 2	두 자릿수 + 한 자릿수
STEP 3	카드 덧셈
STEP 4	세 자릿수 + 한 자릿수
STEP 5	두 자릿수 + 두 자릿수
STEP 6	두 자릿수 - 한 자릿수
STEP 7	두 자릿수 - 두 자릿수
STEP 8	빈칸 덧셈

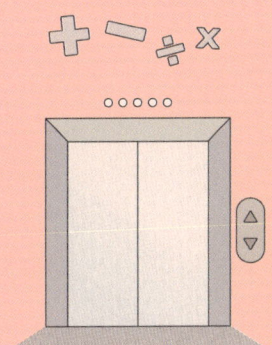

STEP 1 자릿수 확장 특징

날짜   월   일

덧셈은 아무리 자릿수가 커져도 같은 자릿수 연산은 일+일이며, 덧셈에서 받아올림은 항상 '1'입니다.

흐린 글씨를 베껴쓰며 왜 덧셈 연습을 많이 하지 않아도 되는지 알아보세요.

받아올림이 없는 경우

```
   3
 + 5
 ───
   8
```
3 + 5 = 8

```
   2 3
 + 4 5
 ─────
   6 8
```
2 + 4 = 6

```
   4 2 3
 + 3 4 5
 ───────
   7 6 8
```
4 + 3 = 7

```
   5 4 2 3
 + 2 3 4 5
 ─────────
   7 7 6 8
```
5 + 2 = 7

받아올림이 있는 경우

```
    5
 +  7
 ────
  1 2
```
5 + 7 = 12

```
    6 5
 +  8 7
 ──────
  1 5 2
```
6 + 8 + $\boxed{1}$ = 15

```
    9 6 5
 +  3 8 7
 ────────
  1 3 5 2
```
9 + 3 + $\boxed{1}$ = 13

```
    5 9 6 5
 +  6 3 8 7
 ──────────
  1 2 3 5 2
```
5 + 6 + $\boxed{1}$ = 12

STEP 2 두 자릿수 + 한 자릿수

날짜   월   일

자릿수가 커져도 같은 방법으로 계산합니다.

예시대로 일의 자리를 수 막대에 표시하세요.

예
18 + 5 = | 십의 자리: 10 | + | 일의 자리: 8, 5 |
10 + 13 = 23

23 + 8 = | 십의 자리: 10, 20 | + | 일의 자리 |
☐ + ☐ = ☐

36 + 7 = | 십의 자리: 10, 20, 30 | + | 일의 자리 |
☐ + ☐ = ☐

27 + 8 = | 십의 자리: 10, 20 | + | 일의 자리 |
☐ + ☐ = ☐

STEP 2 두 자릿수 + 한 자릿수

날짜   월   일

 덧셈은 같은 자릿수끼리 계산합니다.

 몇십일 + 일 덧셈을 자릿수에 맞게 쓰세요. ⓘ 자릿수를 틀리게 쓰면 계산도 틀립니다.

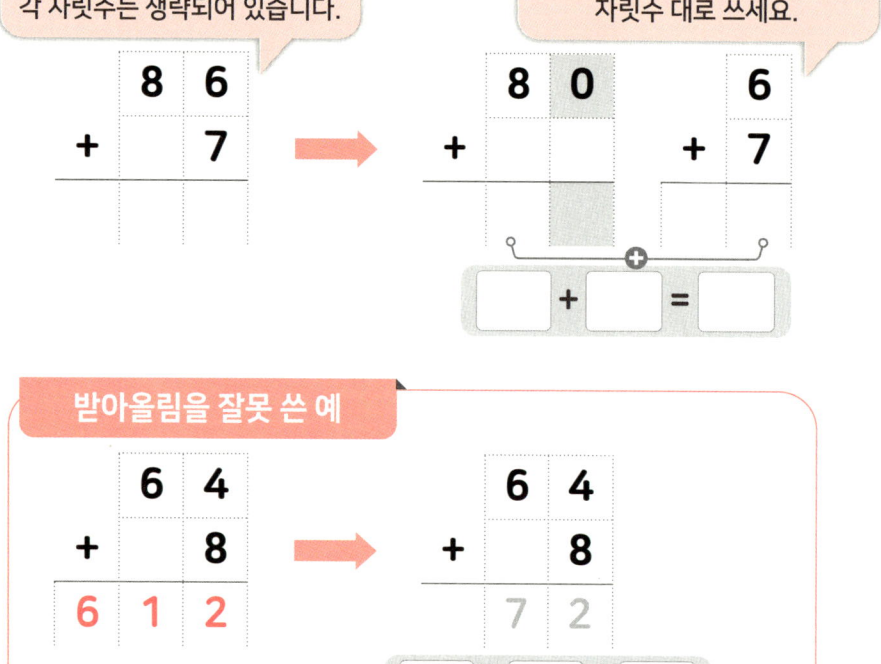

 문장을 따라쓰고 큰소리로 읽으세요.

01 덧셈은 같은 자릿수끼리 계산합니다.
→

02 같은 자릿수끼리 연산은 실제로 일+일입니다.
→

03 덧셈에서 받아올림은 항상 '1'입니다.
→

STEP 2. 두 자릿수 + 한 자릿수

날짜   월   일

덧셈은 같은 자릿수끼리 계산합니다.

 아래 덧셈식을 십의 자리와 일의 자리를 나누어 쓴 후, 같은 자릿수끼리 덧셈하세요.

예) 72 + 9 =

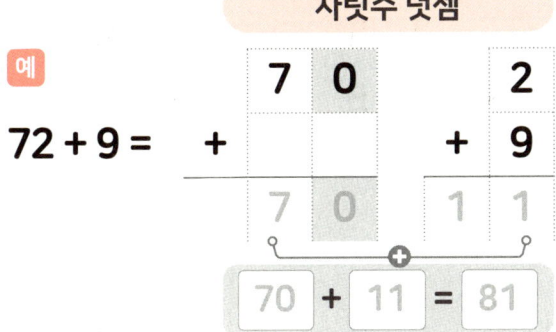

자릿수 덧셈: 70 + 2, + 9 → 7 0, 1 1
70 + 11 = 81

47 + 6 =   □ + □ = □

75 + 8 =   □ + □ = □

68 + 9 =   □ + □ = □

58 + 8 =   □ + □ = □

63 + 9 =   □ + □ = □

48 + 7 =   □ + □ = □

87 + 5 =   □ + □ = □

STEP 2 두 자릿수 + 한 자릿수

덧셈은 같은 자릿수끼리 계산합니다.

덧셈 하세요.

```
  8 7        5 9        7 5        6 8
+   7      +   6      +   5      +   8
-------    -------    -------    -------
```

```
  4 6        5 2        6 9        8 7
+   6      +   9      +   9      +   6
-------    -------    -------    -------
```

예시처럼 10이 되게 수 가르기를 한 후 답을 구하세요.

01 54 + 8 = [60] + [2] = [ ]
    (6 2)

02 27 + 7 = [ ] + [ ] = [ ]

03 35 + 6 = [ ] + [ ] = [ ]

04 73 + 9 = [ ] + [ ] = [ ]

05 38 + 9 = [ ] + [ ] = [ ]

06 76 + 8 = [ ] + [ ] = [ ]

07 69 + 6 = [ ] + [ ] = [ ]

08 87 + 8 = [ ] + [ ] = [ ]

카드 덧셈

날짜   월   일

 3장의 수 카드로 만들 수 있는 덧셈은 6가지입니다.
예시처럼 수 카드로 덧셈을 만드세요.

```
   2 9          3 9          9 3
+    3       +    2       +    2
 ─────        ─────        ─────
   3 2          4 1          9 5

   2 3          3 2          9 2
+    9       +    9       +    3
 ─────        ─────        ─────
   3 2          4 1          9 5
```

```
+              +              +
 ─────        ─────        ─────
   5 5          8 2          9 1

+              +              +
 ─────        ─────        ─────
   5 5          8 2          9 1
```

자릿수 확장 53

STEP 3 카드 덧셈

 3장의 수 카드로 만들 수 있는 덧셈은 6가지입니다.
예시처럼 수 카드로 덧셈을 만드세요.

```
+           +            +
  7 4        1 0 1        6 5


+           +            +
  7 4        1 0 1        6 5
```

```
+           +            +
  6 6        1 0 2        8 4


+           +            +
  6 6        1 0 2        8 4
```

카드 덧셈

날짜   월   일

 3장의 수 카드로 만들 수 있는 덧셈은 6가지입니다.
예시처럼 수 카드로 덧셈을 만드세요.

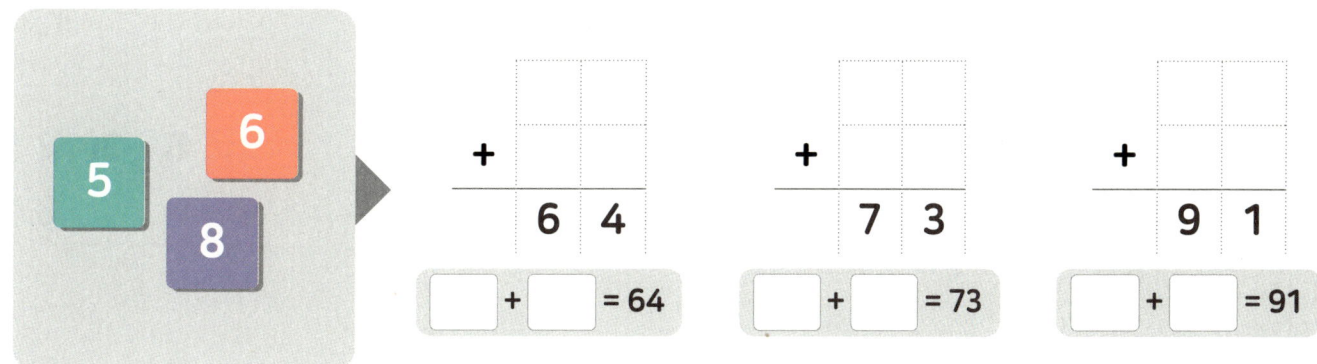

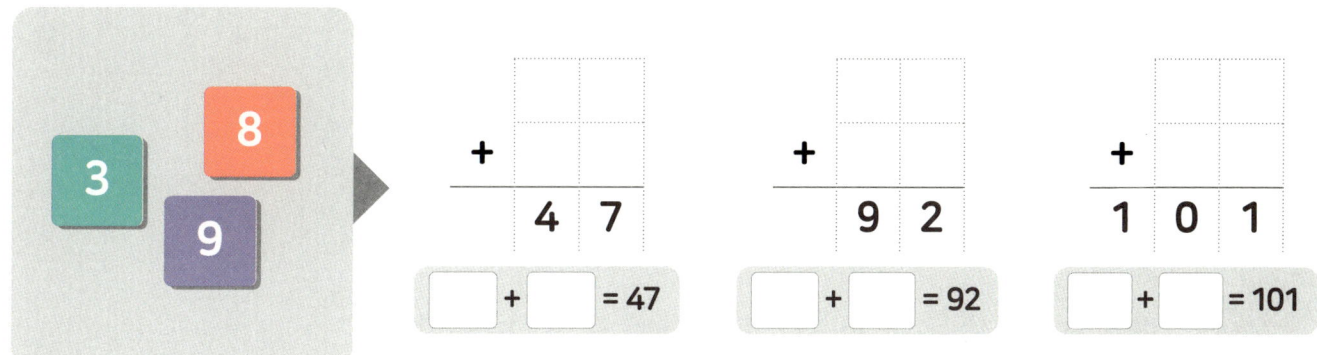

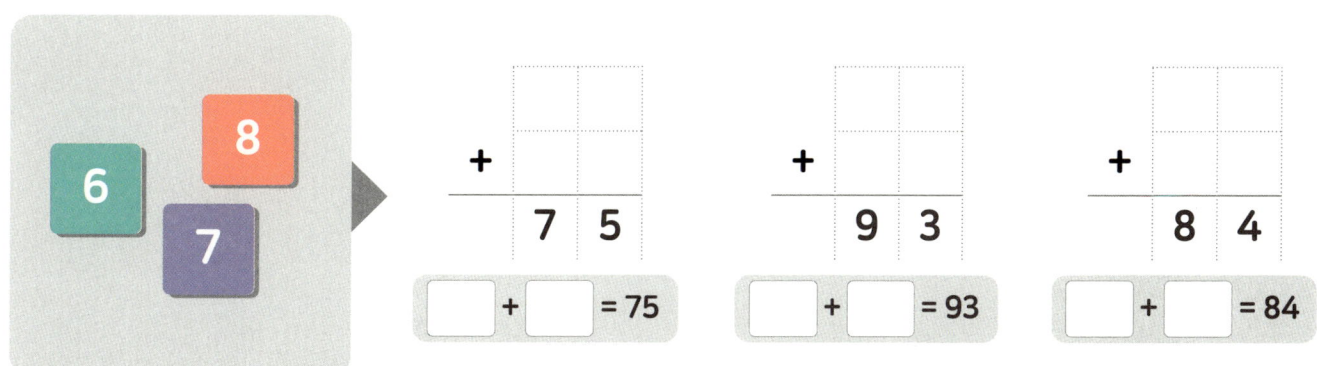

STEP 4 세 자릿수 + 한 자릿수

날짜   월   일

> 덧셈의 받아올림은 항상 '1'입니다.

덧셈 하세요.

```
   3 4 8          7 8 6          6 3 2
+      5       +      7       +      8
---------      ---------      ---------
```

```
   9 6 5          4 5 7          2 9 8
+      7       +      8       +      9
---------      ---------      ---------
```

예시처럼 10이 되게 수 가르기를 한 후 답을 구하세요.

01 878 + 5 = [880] + [3] =   05 523 + 8 =   +   =
        [2][3]

02 168 + 4 =   +   =   06 475 + 7 =   +   =

03 284 + 7 =   +   =   07 946 + 8 =   +   =

04 368 + 8 =   +   =   08 675 + 6 =   +   =

 # 두 자릿수 + 두 자릿수

날짜   월   일

덧셈은 같은 자릿수끼리 계산합니다.

예시대로 일의 자리를 수 막대에 표시하고, 같은 자릿수끼리 더하세요.

예 17 + 16 = 33

```
  1 0      7
+ 1 0    + 6
─────    ───
  2 0    1 3
```

십의 자리: 10 + 10

일의 자리: 7 + 6

☐ + ☐ = ☐

26 + 28 =

```
  2 0      6
+ 2 0    + 8
─────    ───
    0
```

십의 자리: 10, 20 + 10, 20

일의 자리

☐ + ☐ = ☐

38 + 43 =

```
  3 0      8
+ 4 0    + 3
─────    ───
    0
```

십의 자리: 10, 20, 30 + 10, 20, 30, 40

☐ + ☐ = ☐

 # 두 자릿수 + 두 자릿수

날짜　　월　　일

 덧셈은 같은 자릿수끼리 계산합니다.

 일의 자리를 수 막대에 표시하고, 같은 자릿수끼리 더하세요.

19 + 18 =

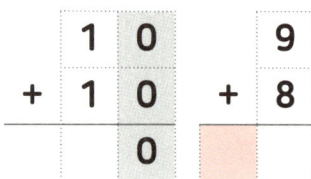

십의 자리

| 10 |
| + |
| 10 |

일의 자리

□ + □ = □

27 + 25 =

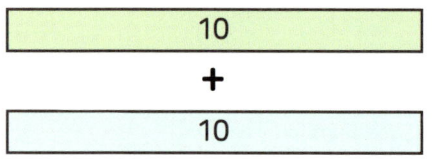

| 10 |
| 20 |
| + |
| 10 |
| 20 |

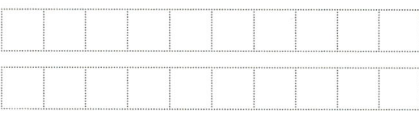

□ + □ = □

49 + 37 =

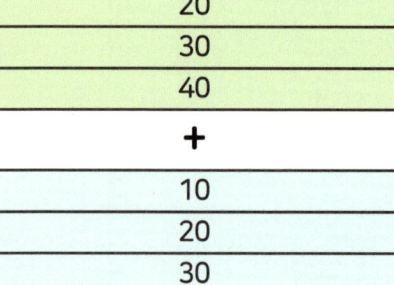

| 10 |
| 20 |
| 30 |
| 40 |
| + |
| 10 |
| 20 |
| 30 |

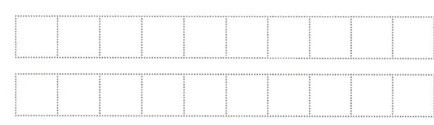

□ + □ = □

STEP 5 두 자릿수 + 두 자릿수

날짜   월   일

덧셈은 같은 자릿수끼리 계산합니다.

왼쪽에 있는 자릿수 덧셈을 한 후 오른쪽에 덧셈식을 다시 쓰고 계산하세요.

예 자릿수 덧셈

```
  5 0      7      5 7
+ 3 0    + 7    + 3 7
─────    ───    ─────
  8 0      14     9 4
```

80 + 14 = 94

자릿수 덧셈

```
  4        6
+ 2      + 5    +
─────    ───    ─────
```

☐ + ☐ = ☐

```
  7        6
+ 2      + 6    +
─────    ───    ─────
```

☐ + ☐ = ☐

```
  3        5
+ 6      + 9    +
─────    ───    ─────
```

☐ + ☐ = ☐

```
  8        6
+ 3      + 7    +
─────    ───    ─────
```

☐ + ☐ = ☐

```
  8        9
+ 8      + 9    +
─────    ───    ─────
```

☐ + ☐ = ☐

```
  4        6
+ 9      + 8    +
─────    ───    ─────
```

☐ + ☐ = ☐

```
  8        9
+ 4      + 6    +
─────    ───    ─────
```

☐ + ☐ = ☐

두 자릿수 + 두 자릿수

날짜   월   일

덧셈은 같은 자릿수끼리 계산합니다.

 예시처럼 십의 자리와 일의 자리를 나눠 쓴 후 덧셈하세요.

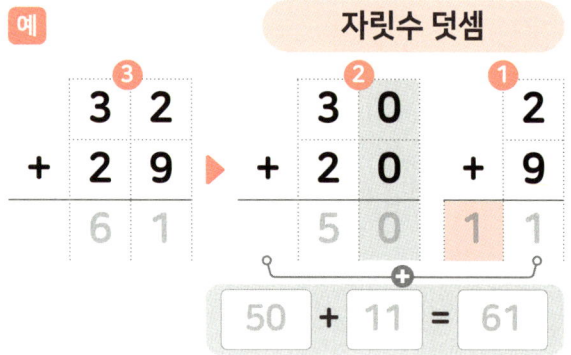

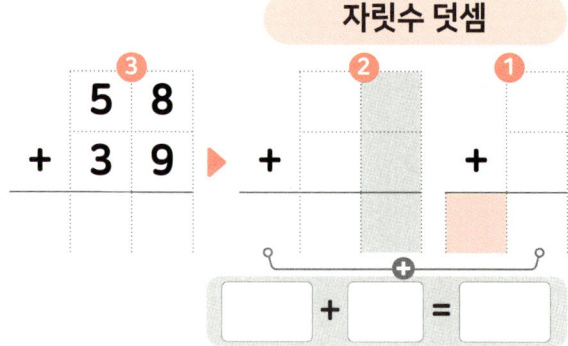

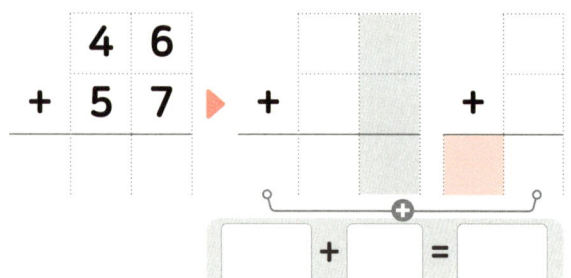

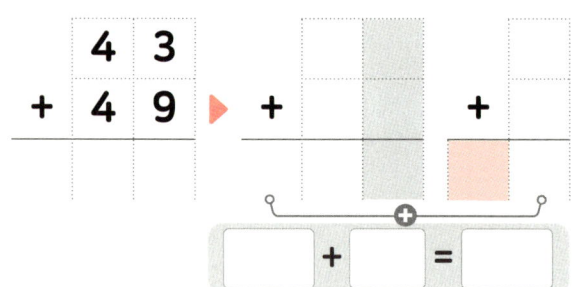

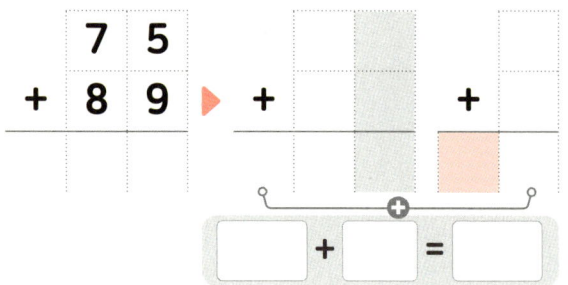

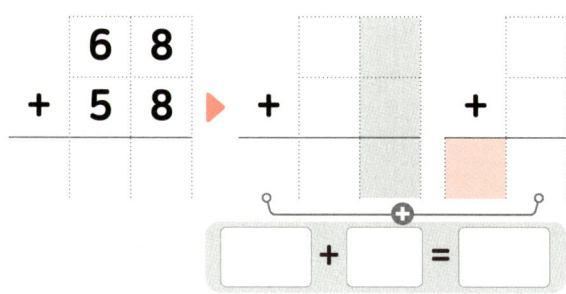

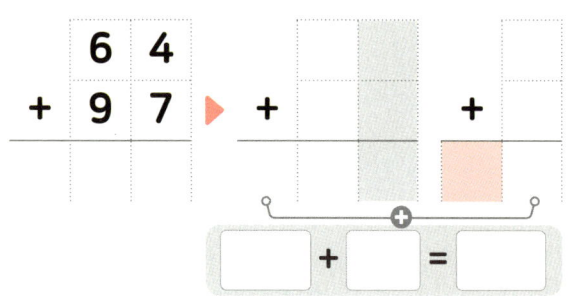

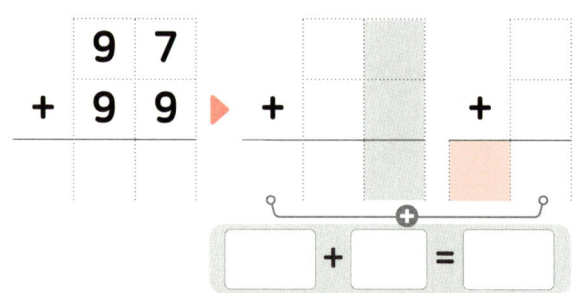

두 자릿수 + 두 자릿수

 덧셈 하세요.

```
  6 8        4 5        3 8        5 3
+ 9 9      + 7 8      + 8 4      + 7 9
-------    -------    -------    -------


  8 6        6 8        5 9        9 5
+ 4 5      + 4 6      + 4 7      + 4 6
-------    -------    -------    -------


  9 8        8 6        2 9        6 4
+ 2 8      + 7 8      + 8 9      + 6 8
-------    -------    -------    -------


  7 1        6 5        9 6        3 4
+ 7 9      + 7 8      + 2 6      + 9 7
-------    -------    -------    -------
```

STEP 6. 두 자릿수 - 한 자릿수

받아내림이란 뺄셈을 할 때 같은 자릿수에서 빼는 수가 더 큰 경우 부족한 부분을 바로 위 자리에서 가져오는 것을 말합니다.

수막대에서 표시된 대로 빼는 수를 빈칸에 쓰세요.

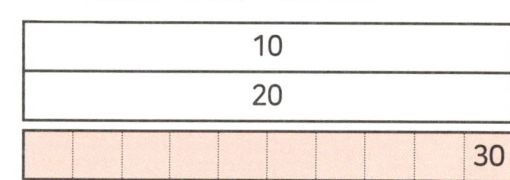

23 - 5 = 23 - 3 - 2 = ☐

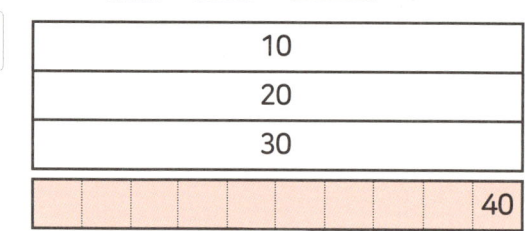

34 - 8 = 34 - ☐ - ☐ = ☐

42 - 7 = 42 - ☐ - ☐ = ☐

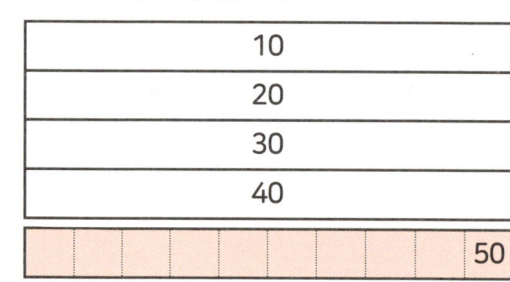

56 - 9 = 56 - ☐ - ☐ = ☐

STEP 6 두 자릿수 - 한 자릿수

날짜   월   일

 예시처럼 수 가르기를 한 후 답을 구하세요.

01 87 - 8 = 80 - 1 =   05 28 - 9 =   -   =
         7 1

02 63 - 7 =   -   =   06 57 - 9 =   -   =

03 45 - 8 =   -   =   07 91 - 6 =   -   =

04 72 - 5 =   -   =   08 74 - 8 =   -   =

```
   3 6         5 0         6 4         4 2
-    8      -    7      -    5      -    4
———————     ———————     ———————     ———————


   6 2         8 3         7 6         9 8
-    7      -    5      -    7      -    9
———————     ———————     ———————     ———————
```

STEP 6 두 자릿수 − 한 자릿수

 예시처럼 수 가르기를 한 후 답을 구하세요.

01) 56 − 8 = 50 − 2 = ☐   (6, 2)

05) 62 − 6 = ☐ − ☐ = ☐

02) 72 − 5 = ☐ − ☐ = ☐

06) 24 − 8 = ☐ − ☐ = ☐

03) 35 − 8 = ☐ − ☐ = ☐

07) 54 − 9 = ☐ − ☐ = ☐

04) 43 − 6 = ☐ − ☐ = ☐

08) 83 − 8 = ☐ − ☐ = ☐

```
  3 0        2 6        5 3        7 1
-   4      -   9      -   4      -   3
-------    -------    -------    -------

  9 1        7 4        6 5        8 2
-   5      -   7      -   6      -   4
-------    -------    -------    -------
```

STEP 7 두 자릿수 - 두 자릿수

날짜   월   일

받아내림이 있는 경우 수막대를 참고해서 자릿수를 나눌 때 예시처럼 받아내림을 한 상태로 쓰세요.

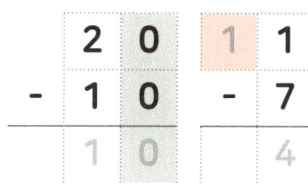

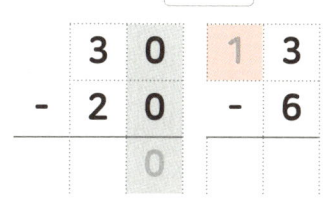 

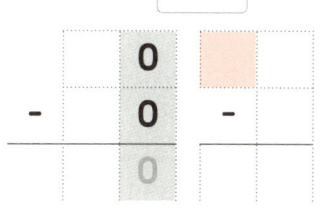

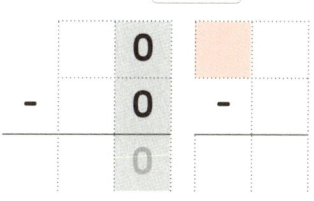

STEP 7 두 자릿수 - 두 자릿수

날짜   월   일

받아내림이 있는 경우 수막대를 참고해서 자릿수를 나눌 때 예시처럼 받아내림을 한 상태로 쓰세요.

예) 33 - 14 =

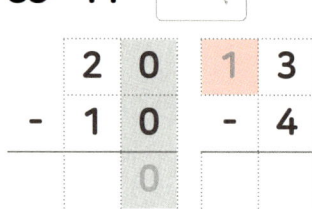
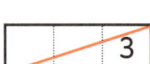

40 - 18 =

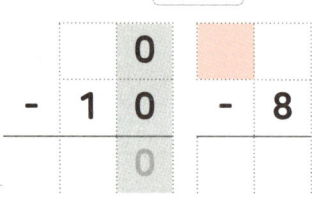

54 - 26 =

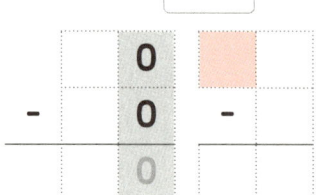

66 - 29 =

두 자릿수 - 두 자릿수

날짜   월   일

 자릿수를 나눌 때 예시처럼 받아내림을 한 상태로 쓰고 번호대로 뺄셈하세요.

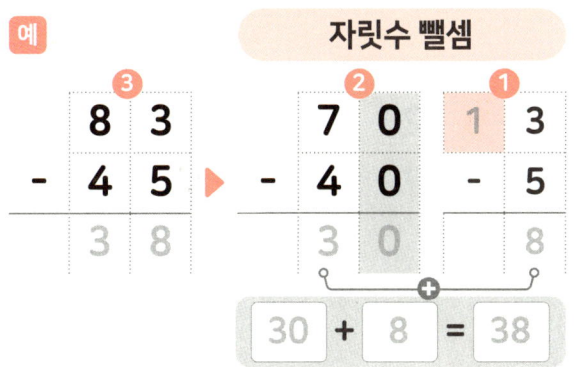
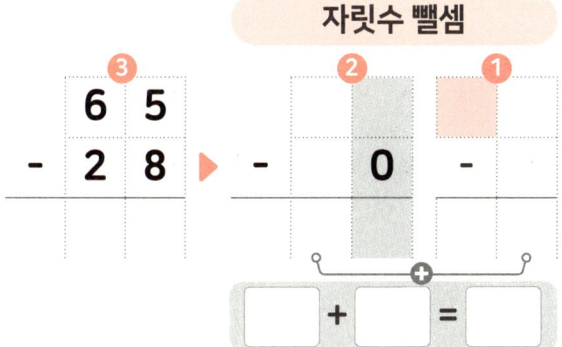
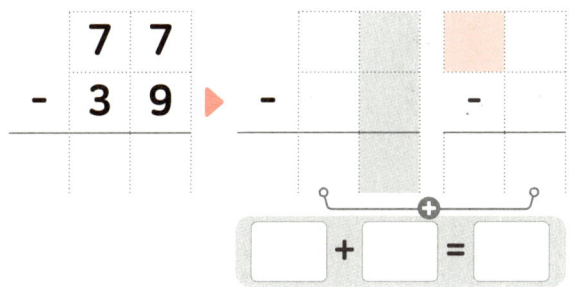
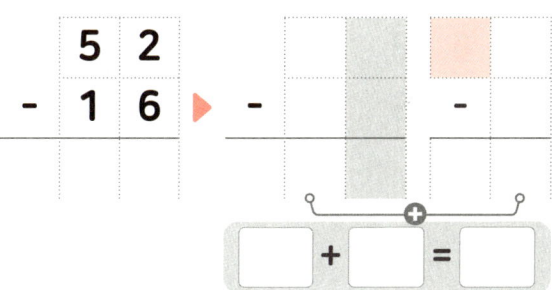
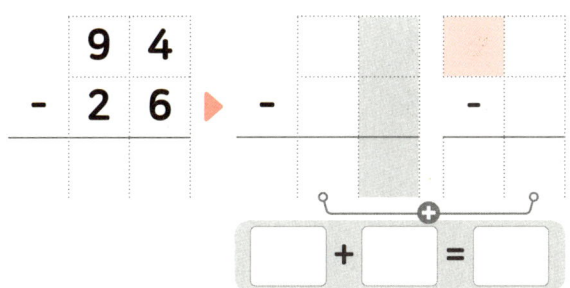
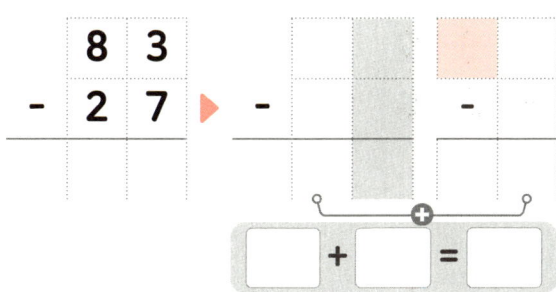
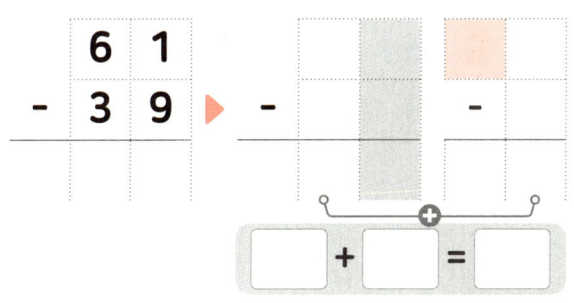
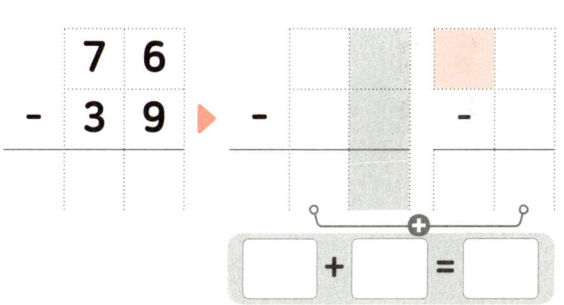

STEP 7 두 자릿수 - 두 자릿수

날짜   월   일

 자릿수를 나눌 때 예시처럼 받아내림을 한 상태로 쓰고 번호대로 뺄셈하세요.

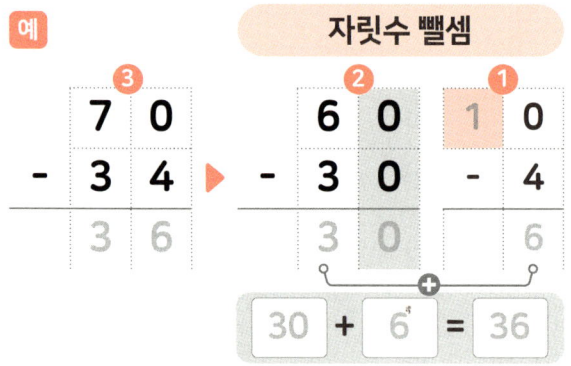

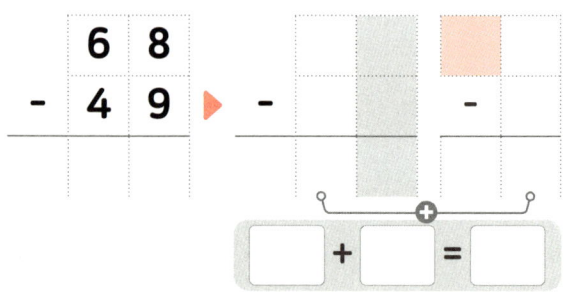

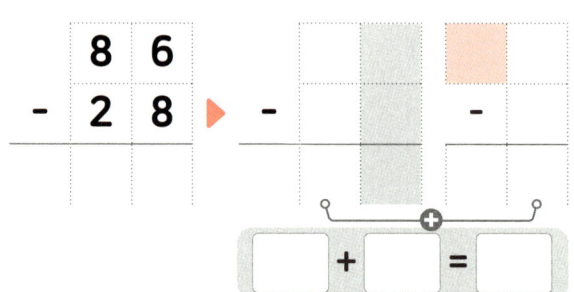

STEP 7 두 자릿수 - 두 자릿수

 뺄셈 하세요.

```
   8 9         6 6         7 7         5 8
-  2 5      -  3 3      -  2 4      -  1 6
———————     ———————     ———————     ———————


   5 4         4 1         9 1         8 2
-  3 7      -  2 4      -  4 7      -  3 9
———————     ———————     ———————     ———————


   7 6         6 4         9 0         8 3
-  1 8      -  2 8      -  6 5      -  7 7
———————     ———————     ———————     ———————


   9 3         5 4         6 5         7 8
-  6 7      -  1 8      -  2 6      -  4 9
———————     ———————     ———————     ———————
```

STEP 7 두 자릿수 − 두 자릿수

날짜   월   일

 뺄셈 하세요.

```
  5 5        6 2        4 4        9 3
-  2 9     -  3 6     -  1 8     -  1 8


  7 4        4 2        9 3        8 4
-  4 7     -  2 5     -  4 6     -  3 9


  5 5        8 4        6 0        7 8
-  2 7     -  3 6     -  2 3     -  3 9


  7 1        8 2        9 6        6 7
-  4 7     -  1 5     -  5 7     -  3 9
```

STEP 8 빈칸 덧셈

날짜   월   일

덧셈처럼 보이지만 실제로는 뺄셈입니다.

 에 알맞은 숫자를 쓰고 계산하세요.

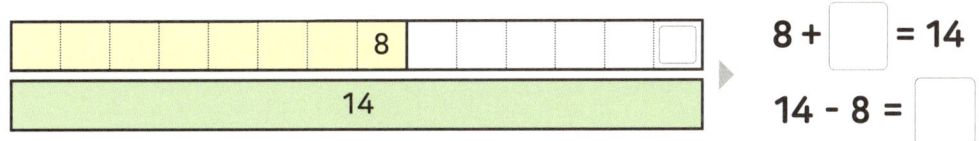

4 + ☐ = 7
7 - 4 = ☐

5 + ☐ = 9
9 - 5 = ☐

8 + ☐ = 14
14 - 8 = ☐

9 + ☐ = 15
15 - 9 = ☐

5 + ☐ = 12
12 - 5 = ☐

☐ + 5 = 13
13 - 5 = ☐

☐ + 4 = 11
11 - 4 = ☐

STEP 8 빈칸 덧셈

날짜   월   일

 ☐ 에 알맞은 숫자를 쓰세요.
⚠ 겉모습은 덧셈이지만 실제는 뺄셈을 해야 합니다.

7 + ☐ = 15

7	☐
15	

15 - 7 = ☐

9 + ☐ = 18

9	☐
18	

☐ - ☐ = ☐

3 + ☐ = 11

3	☐
11	

☐ - ☐ = ☐

8 + ☐ = 12

8	☐
12	

☐ - ☐ = ☐

8 + ☐ = 16

8	☐
16	

☐ - ☐ = ☐

4 + ☐ = 13

4	☐
13	

☐ - ☐ = ☐

☐ + 5 = 12

☐	5
12	

☐ - ☐ = ☐

☐ + 7 = 14

☐	7
14	

☐ - ☐ = ☐

☐ + 6 = 15

☐	6
15	

☐ - ☐ = ☐

04

구조로 배우는 문장제
: 문장제가 쉬워지는 꿀팁

- **STEP 1** 문장제 기본 구조 | 덧셈, 뺄셈 문장제
- **STEP 2** 기본 문장 | 덧셈, 뺄셈 문장제
- **STEP 3** 문장제 기본 구조
- **STEP 4** 기본 문장 | 덧셈, 뺄셈 문장제
- **STEP 5** 기본 문장 | 덧셈, 뺄셈 문장제
- **STEP 6** 도전! 합과 차 문제

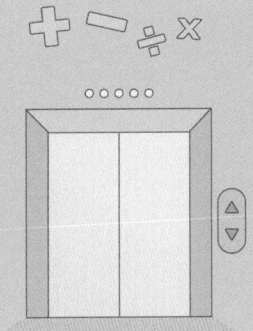

문장제 기본 구조

날짜   월   일

✓ **문장제는 구조로 배워야합니다.**

문제집에 흩어져 있는 각각의 문제를 푸는 것은 물고기 한 마리를 잡는 것입니다.
구조로 배우는 것은 물고기 잡는 법을 배우는 것입니다.

✓ **문장제 기본 구조는 2개 문장입니다.**

 의문문으로 바꾼 문장을 따라쓰고 개수대로 네모칸을 색칠하세요.

기본 문장 + 물어보는 문장(의문문) ①′

① 준수는 귤을 **7개** 가지고 있습니다.

▶ ①′ 준수는 귤을 **몇 개** 가지고 있습니까?

▶ ①′

② 윤수는 귤을 **13개** 가지고 있습니다.

▶ ②′ 윤수는 귤을 **몇 개** 가지고 있습니까?

▶ ②′

# 문장제 기본 구조

날짜   월   일

📖 기본 문장 2개를 더하거나, 빼면 기본 구조가 완성됩니다.

✏️ 의문문으로 바꾼 문장을 따라쓰고 개수대로 네모칸을 색칠하세요.

74쪽 ① 과 ② 문장을 더하세요.

③ 준수와 윤수가 가지고 있는 귤은 모두 **20개**입니다.

▸ ③' 준수와 윤수가 가지고 있는 귤은 모두 **몇 개**입니까?

▸ ③'

74쪽 ② 과 ① 문장을 빼세요.

④ 윤수는 준수보다 귤을 **6개** 더 가지고 있습니다.

▸ ④' 누가 귤을 **몇 개** 더 가지고 있습니까?

▸ ④'

STEP 1 덧셈 문장제

날짜   월   일

> 4개의 기본 문장에서 3개를 선택한 후 순서를 바꾸면 여러 유형의 덧셈 문제가 됩니다.

마지막 의문문을 74, 75쪽에서 찾아 쓴 후 큰소리로 읽으세요.

① - ② - ③′

① 준수는 귤을 7개 가지고 있고

② 윤수는 13개 가지고 있습니다.

▶ ③′

식 : 7 + 13 = 20

① - ④ - ②′

① 준수는 귤을 7개 가지고 있고

④ 윤수는 준수보다 귤을 6개 더 가지고 있습니다.

▶ ②′

식 : 7 + 6 = 13

① - ④ - ③′

① 준수는 귤을 7개 가지고 있고

④ 윤수는 준수보다 귤을 6개 더 가지고 있습니다.

▶ ③′

식 : 7 + 7 + 6 = 20

STEP 1 뺄셈 문장제

날짜   월   일

4개의 기본 문장에서 3개를 선택한 후 순서를 바꾸면 여러 유형의 뺄셈 문제가 됩니다.

마지막 의문문을 74, 75쪽에서 찾아 쓴 후 큰소리로 읽으세요.

① - ② - ④'

① 준수는 귤을 7개 가지고 있고

② 윤수는 13개 가지고 있습니다.

▶ ④'

식: 13 - 7 = ☐

③ - ② - ①'

③ 준수와 윤수가 가지고 있는 귤은 모두 20개입니다.

② 윤수는 13개 가지고 있습니다.

▶ ①'

식: 20 - 13 = ☐

③ - ① - ②'

③ 준수와 윤수가 가지고 있는 귤은 모두 20개입니다.

① 준수는 귤을 7개 가지고 있으면

▶ ②'

식: 20 - 7 = ☐

STEP 2 기본 문장

날짜   월   일

 기본 문장을 의문문으로 바꾸세요.

기본 문장 + 물어보는 문장(의문문)

① 윤희네 집에 동화책이 **28권** 있습니다.

▶ ①′

② 윤희네 집에 과학책은 **16권** 있습니다.

▶ ②′

① 과 ② 문장을 더하세요.

③ 윤희네 집에는 동화책과 과학책이 모두 **44권** 있습니다.

▶ ③′

② 문장에서 ① 문장을 빼세요.

④ 동화책은 과학책보다 **12권** 더 많이 있습니다.

▶ ④′

STEP 2 덧셈 문장제

날짜   월   일

4개의 기본 문장에서 3개를 선택한 후 순서를 바꾸면 여러 유형의 덧셈 문제가 됩니다.

아래 번호에 해당하는 문장을 78쪽에서 찾아 쓰세요.

① - ② - ③′

①
②
▶ ③′

식 :

① - ④ - ②′

①
④
▶ ②′

식 :

① - ④ - ③′

①
④
▶ ③′

식 :

뺄셈 문장제

날짜   월   일

4개의 기본 문장에서 3개를 선택한 후 순서를 바꾸면 여러 유형 문제가 됩니다.

 아래 번호에 해당하는 문장을 78쪽에서 찾아 쓰세요.

1 - 2 - 4′

1

2

▶ 4′

식 :

3 - 2 - 1′

3

2

▶ 1′

식 :

3 - 1 - 2′

3

1

▶ 2′

식 :

STEP 3 문장제 기본 구조

날짜   월   일

✓ 문장제는 구조로 배워야 합니다.

문제집에 흩어져 있는 각각의 문제를 푸는 것은 물고기 한 마리를 잡는 것입니다.
구조로 배우면 물고기 잡는 법을 배우게 됩니다.

① 문장제 기본구조

01 문장제 기본 구조는
    2개 문장입니다.

02 2개 문장을 더하거나 빼면
    2개의 문장이 더 만들어집니다.

② 4개 문장 중에서 3개를 선택하고, 마지막 문장을 의문문으로 바꿉니다.
문장제는 단지 기본 문장의 순서를 바꾸면 여러 유형의 문제가 됩니다.

덧셈 ▶

유형 1	유형 2	유형 3
①	①	①
②	④	④
③'	②'	③'

뺄셈 ▶

유형 4	유형 5	유형 6
①	③	③
②	②	①
④'	①'	②'

③ 문제집으로 풀기 전에 스스로 문제를 만드는 연습을 해보는 것이 좋습니다.
일주일에 2~3개 기본 문장제를 노트에 만들어보세요.

④ 그림을 그리면 더 좋습니다.

⑤ 기본 문장을 편하게 만들 수 있으면 연산 기호가 추가 되는 문장을 만드세요.

기본 문장

날짜   월   일

 기본 문장을 의문문으로 바꾸세요.

기본 문장 + 물어보는 문장(의문문)

① 하준이네 학교의 남학생은 285명입니다.

▶ ①′

② 하준이네 학교의 여학생은 237명입니다.

▶ ②′

① 과 ② 문장을 더하세요.

③ 하준이네 학교의 전체 학생은 522명입니다.

▶ ③′

② 문장에서 ① 문장을 빼세요.

④ 하준이네 학교는 남학생이 48명 더 많습니다.

▶ ④′

STEP 4 덧셈 문장제

날짜   월   일

4개의 기본 문장에서 3개를 선택한 후 순서를 바꾸면 여러 유형의 덧셈 문제가 됩니다.

아래 번호에 해당하는 문장을 82쪽에서 찾아 쓰세요.

1 - 2 - 3ʹ

1
2
▶ 3ʹ

식:

1 - 4 - 2ʹ

1
4
▶ 2ʹ

식:

1 - 4 - 3ʹ

1
4
▶ 3ʹ

식:

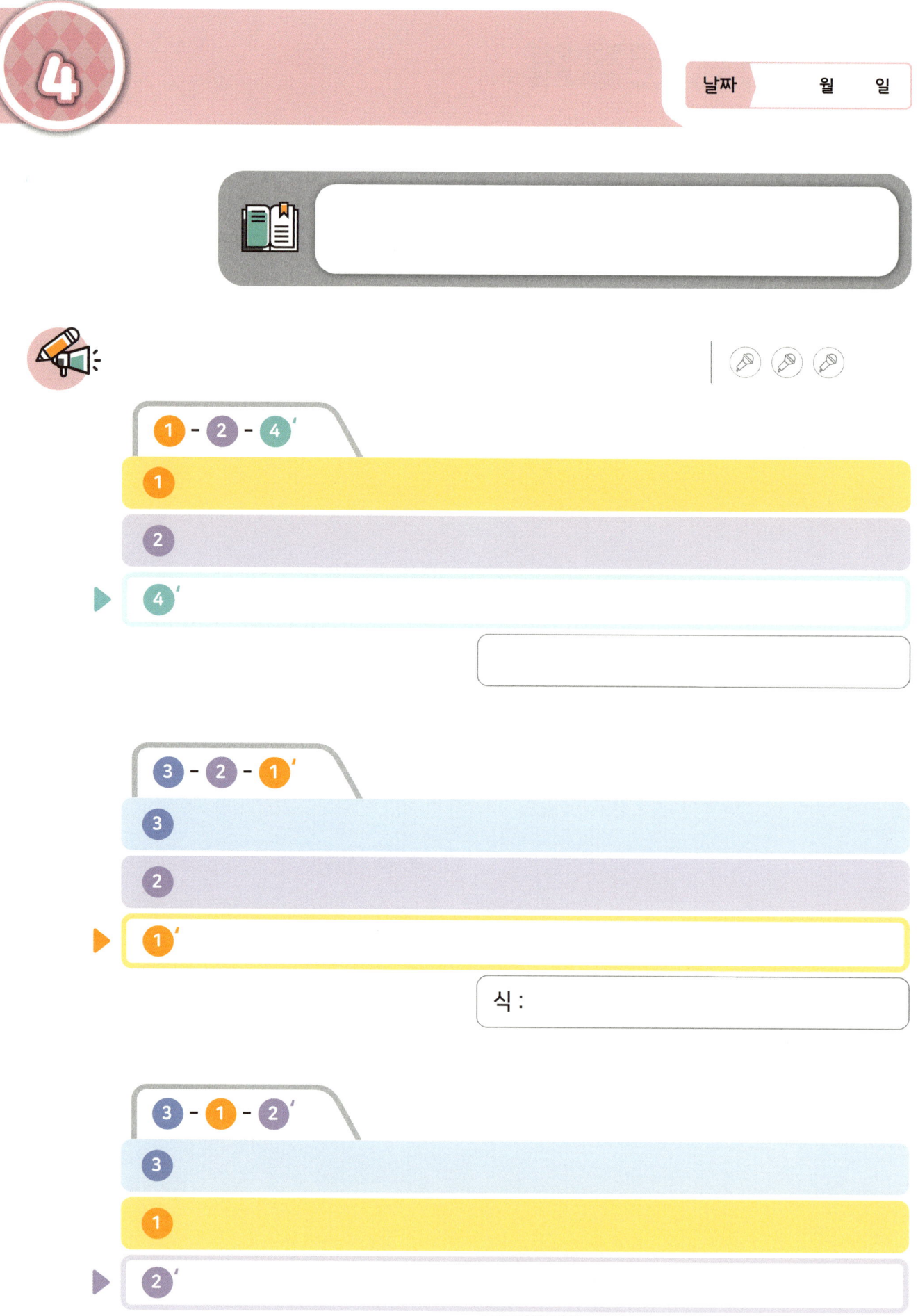

STEP 4 뺄셈 문장제

날짜   월   일

> 4개의 기본 문장에서 3개를 선택한 후 순서를 바꾸면 여러 유형 문제가 됩니다.

아래 번호에 해당하는 문장을 82쪽에서 찾아 쓰세요.

1 - 2 - 4′

1

2

▶ 4′

식 :

3 - 2 - 1′

3

2

▶ 1′

식 :

3 - 1 - 2′

3

1

▶ 2′

식 :

STEP 5 기본 문장

날짜   월   일

 기본 문장을 의문문으로 바꾸세요.

기본 문장 + 물어보는 문장(의문문)

① 빵집에서 오전에 빵을 274개를 만들었습니다.

▶ ①′

② 빵집에서 오후에 빵을 353개를 만들었습니다.

▶ ②′

① 과 ② 문장을 더하세요.

③ 빵집에서 하루에 빵을 627개를 만들었습니다.

▶ ③′

② 문장에서 ① 문장을 빼세요.

④ 빵집에서 오후에 79개를 더 만들었습니다.

▶ ④′

구조로 배우는 문장제 **85**

덧셈 문장제

날짜   월   일

4개의 기본 문장에서 3개를 선택한 후 순서를 바꾸면 여러 유형의 덧셈 문제가 됩니다.

 아래 번호에 해당하는 문장을 85쪽에서 찾아 쓰세요.

1 - 2 - 3´

1

2

▶ 3´

식 :

1 - 4 - 2´

1

4

▶ 2´

1 - 4 - 3´

1

4

▶ 3´

STEP 5 뺄셈 문장제

날짜   월   일

4개의 기본 문장에서 3개를 선택한 후 순서를 바꾸면 여러 유형 문제가 됩니다.

 아래 번호에 해당하는 문장을 85쪽에서 찾아 쓰세요.

① - ② - ④′

①
②
▶ ④′

식 :

③ - ② - ①′

③
②
▶ ①′

③ - ① - ②′

③
①
▶ ②′

STEP 6 도전! 합과 차 문제

날짜   월   일

✓ 아이들이 어려워하는 두 수의 합(더하기), 차(빼기) 문제입니다.

단지 순서만 바꿨는데 왜 아이들은 어려워하고
이런 문제를 사고력 문제라고 할까요?

도전! 합과 차 문제 ③ - ④ - ①´

③ 준수와 윤수가 가지고 있는 귤은 모두 **20개**입니다.

④ 윤수는 준수보다 귤을 **6개** 더 가지고 있습니다.

▶ ①´ 준수는 귤을 **몇 개** 가지고 있습니까?

간단한 원리를 배우지 않고 스스로 생각하려면 어렵습니다.
합과 차 문제를 아이들이 도전할 수 있는 단계를 밟아보겠습니다.

✏️ 빈칸에 적절한 수를 쓰세요.

③ 준수와 윤수가 가지고 있는 귤은 모두 **20개**입니다.

| 준수 ? | 윤수 ? |

④ 윤수는 준수보다 귤을 **6개** 더 가지고 있습니다.

| 준수 | 준수 | 차이 ☐ |

STEP 6 도전! 합과 차 문제

날짜   월   일

지금까지 덧셈이나 뺄셈의 답을 구했을 뿐, 두 수의 관계를 배운 적이 없었습니다.

✓ 두 수의 관계를 배우면 합과 차 문제는 풀 수 있게 됩니다.

큰 수 13 은 작은 수 7 에 두 수의 차 6 를 더한 수입니다.

✏️ 큰 수와 작은 수, 차이를 다른 색으로 칠 하세요.

큰 수 ▶ [   ] 윤수
작은 수 ▶ [   ] 준수

지금까지 덧셈이나 뺄셈만 했을 뿐 두 수의 관계를 배운 적이 없습니다.
큰 수와 작은 수의 관계를 말로 풀어서 설명한 적이 없고,
바로 문제집에서 문제로 풀었으니 어려울 수 밖에 없습니다.

큰 수 13 에서 차 6 를 빼면 작은 수 7 이 남습니다.

큰 수 ▶ [13]
작은 수 ▶ [7 | 6]
작은 수 ▶ [7   ← 차 →]

✓ '큰 수가 작은 수에 차를 더한 수'라는 것을 아는 것이 문제를 풀 수 있는 힘입니다.

STEP 6 도전! 합과 차 문제

날짜   월   일

✓ 아이들이 어려워하는 두 수의 합(더하기), 차(빼기) 문제입니다.

단지 순서만 바꿨는데 왜 어렵고 사고력 문제라고 할까요?

도전! 합과 차 문제 ③ - ④ - ①´

③ 영수네 집에 책은 모두 **17권** 있습니다.

④ 동화책은 과학책보다 **7권** 더 많이 있습니다.

▶ ①´ 영수네 집에 동화책은 **몇 권** 있습니까?

✏️ 빈칸에 적절한 수를 쓰세요.

③ 영수네 집에 책은 모두 **17권** 있습니다.

| 과학책 ? | 동화책 ? |

④ 동화책은 과학책보다 **7권** 더 많이 있습니다.

| 과학책 | 과학책 | 차이 ☐ |

STEP 6 도전! 합과 차 문제

날짜   월   일

지금까지 덧셈이나 뺄셈의 답을 구했을 뿐,
두 수의 관계를 배운 적이 없었습니다.

✓ 두 수의 관계를 배우면 합과 차 문제는 풀 수 있게 됩니다.

큰 수 ☐ 는 작은 수 ☐ 에 두 수의 차 ☐ 를 더한 수입니다.

✏️ 큰 수와 작은 수, 차이를 다른 색으로 칠 하세요.

큰 수 ▶ ☐☐☐☐☐☐☐☐☐☐   동화책
작은 수 ▶ ☐☐☐☐☐☐☐☐☐☐   과학책

지금까지 덧셈이나 뺄셈만 했을 뿐 두 수의 관계를 배운 적이 없습니다.
큰 수와 작은 수의 관계를 말로 풀어서 설명한 적이 없고,
바로 문제집에서 문제로 풀어야 하니 어려울 수 밖에 없습니다.

큰 수 ☐ 에서 차 ☐ 를 빼면 작은 수 ☐ 가 남습니다.

큰 수 ▶ ☐☐☐☐☐☐☐☐☐☐   동화책
큰 수 ▶ ☐☐☐☐☐☐☐☐☐☐   동화책
작은 수 ▶ ☐☐☐☐☐☐☐☐☐☐   과학책

✓ '**큰 수가 작은 수에 차를 더한 수**'라는 것을 아는 것이 문제를 풀 수 있는 힘입니다.

STEP 6 도전! 합과 차 문제

날짜   월   일

 합과 차 문제를 푸세요.

③ 하영이네 반 학생은 24명입니다.

④ 하영이네 반은 남학생이 4명 더 많습니다.

▶ ①' 하영이네 반은 남학생과 여학생이 각각 몇 명입니까?

답 :

 빈칸에 적절한 수를 쓰세요.

③ 하영이네 반 학생은 24명입니다.

| 여학생 ? | 남학생 ? |

④ 하영이네 반은 남학생이 4명 더 많습니다.

| 여학생 | 여학생 | 차이 □ |

05

시간 덧셈과 뺄셈

STEP 1	분 덧셈
STEP 2	분으로 바꾸기
STEP 3	시간 덧셈
STEP 4	시간 뺄셈

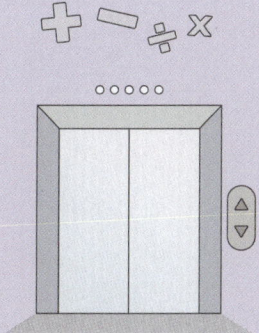

 # 분 덧셈

날짜   월   일

✓ 시간의 받아올림은 기존의 덧셈과 다릅니다.

받아올림 기준이 60분입니다. 60 분 = 1 시간

✓ 답이 60분이 넘는 경우 60 + 로 먼저 바꾼 후 시간으로 바꾸세요.
60분이 넘는 경우 60을 빼고 시간으로 바꿉니다.

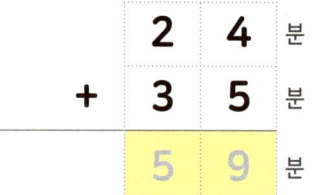
받아올림 없는 경우
```
  2 4 분
+ 3 5 분
─────
  5 9 분
```

```
  3 6 분
+ 4 2 분
─────
  7 8 분
60 + 18
1 시간  1 8 분
```

```
  4 4 분
+ 2 7 분
─────
    분
  +
시간    분
```

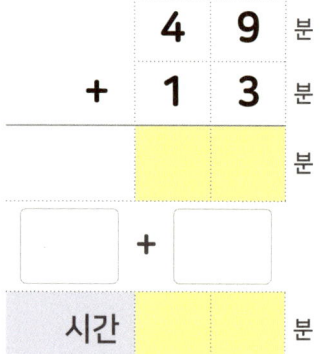
```
  4 9 분
+ 1 3 분
─────
    분
  +
시간    분
```

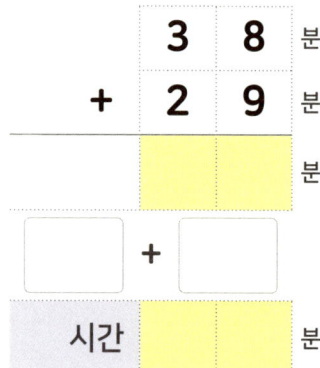
```
  2 9 분
+ 4 5 분
─────
    분
  +
시간    분
```

```
  3 8 분
+ 2 9 분
─────
    분
  +
시간    분
```

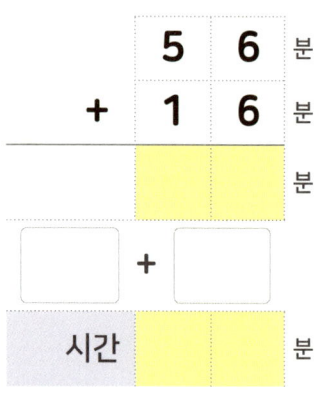
```
  5 6 분
+ 1 6 분
─────
    분
  +
시간    분
```

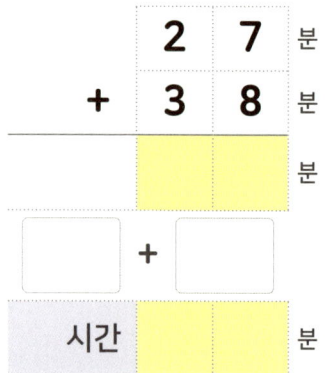
```
  2 7 분
+ 3 8 분
─────
    분
  +
시간    분
```

```
  3 9 분
+ 3 4 분
─────
    분
  +
시간    분
```

분 덧셈

날짜   월   일

 답이 60분이 넘는 경우 60 + ☐ 로 먼저 바꾼 후 시간으로 바꾸세요.

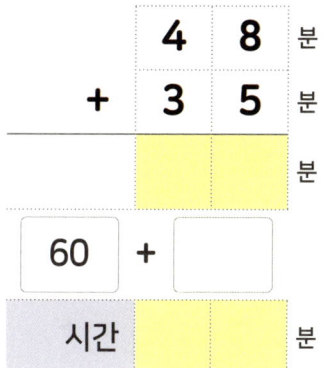
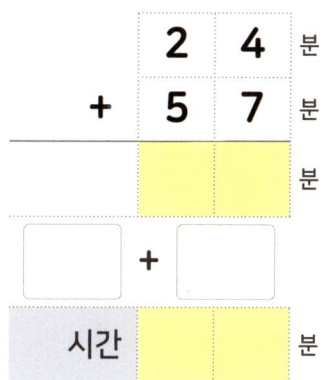
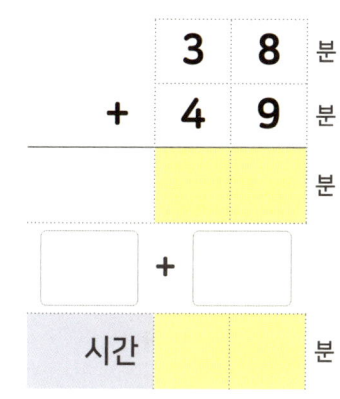
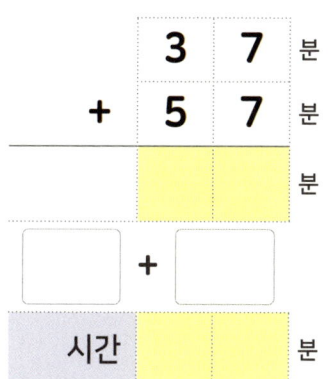
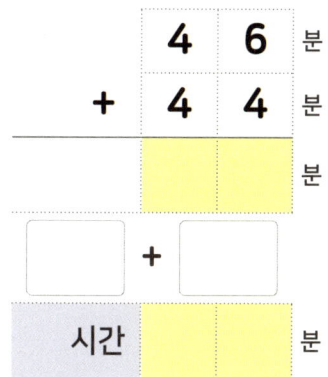
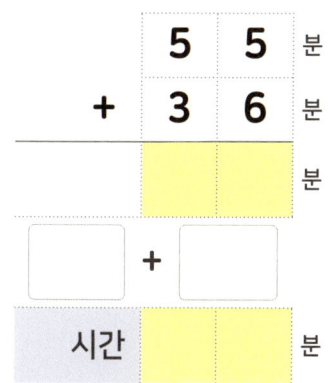
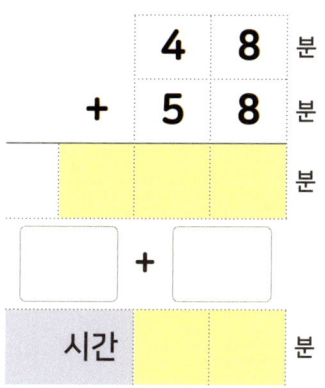
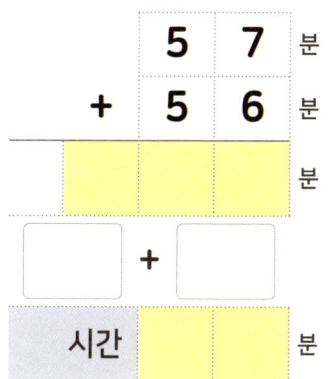

STEP 2 분으로 바꾸기

시간과 분을 분으로 바꾸세요.

1 시간 = ☐ 분   2 시간 = ☐ 분   3 시간 = ☐ 분

1시간 22분
60 분 + 22 분
82 분

1시간 33분
60 분 + 33 분
☐ 분

2시간 24분
☐ 분 + ☐ 분
☐ 분

3시간 11분
☐ 분 + ☐ 분
☐ 분

2시간 56분
☐ 분 + ☐ 분
☐ 분

3시간 39분
☐ 분 + ☐ 분
☐ 분

1시간 57분
☐ 분 + ☐ 분
☐ 분

2시간 19분
☐ 분 + ☐ 분
☐ 분

1시간 45분
☐ 분 + ☐ 분
☐ 분

2시간 35분
☐ 분 + ☐ 분
☐ 분

3시간 48분
☐ 분 + ☐ 분
☐ 분

3시간 58분
☐ 분 + ☐ 분
☐ 분

STEP 2 분으로 바꾸기

시간과 분을 분으로 바꾸세요.

3 시간 = ☐ 분   4 시간 = ☐ 분   5 시간 = ☐ 분

3시간 33분
180 분 + 33 분
= ☐ 분

4시간 16분
☐ 분 + ☐ 분
= ☐ 분

5시간 8분
☐ 분 + ☐ 분
= ☐ 분

3시간 29분
☐ 분 + ☐ 분
= ☐ 분

5시간 40분
☐ 분 + ☐ 분
= ☐ 분

4시간 37분
☐ 분 + ☐ 분
= ☐ 분

4시간 48분
☐ 분 + ☐ 분
= ☐ 분

3시간 58분
☐ 분 + ☐ 분
= ☐ 분

5시간 57분
☐ 분 + ☐ 분
= ☐ 분

4시간 55분
☐ 분 + ☐ 분
= ☐ 분

3시간 46분
☐ 분 + ☐ 분
= ☐ 분

6시간 25분
☐ 분 + ☐ 분
= ☐ 분

시간 덧셈

날짜   월   일

 '시간'은 '시간'끼리, '분'은 '분'끼리 더하세요.

	시간	분	
	2	35	
+	1	25	
	시간		분
	시간		분

	시간	분	
	2	26	
+	3	45	
	시간		분
	시간		분

	시간	분	
	1	28	
+	3	46	
	시간		분
	시간		분

	시간	분	
	3	49	
+	3	34	
	시간		분
	시간		분

	시간	분	
	4	57	
+	2	38	
	시간		분
	시간		분

	시간	분	
	2	24	
+	3	38	
	시간		분
	시간		분

	시간	분	
	3	48	
+	2	58	
	시간		분
	시간		분

	시간	분	
	1	59	
+	4	56	
	시간		분
	시간		분

STEP 4 시간 뺄셈

날짜   월   일

시간 받아내림이 있는 경우 분 연두 칸 으로 바꾼 후 뺄셈하세요.

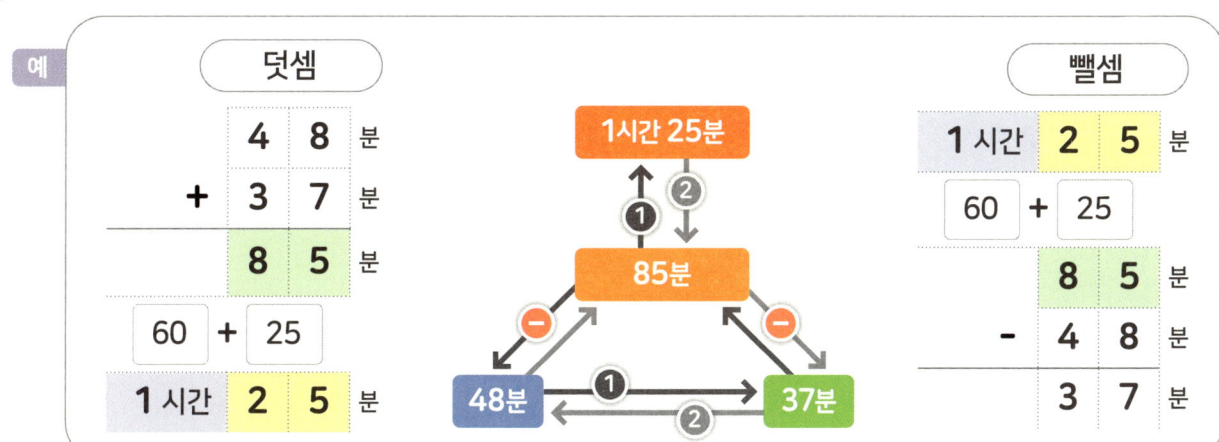

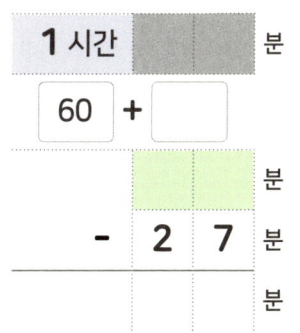
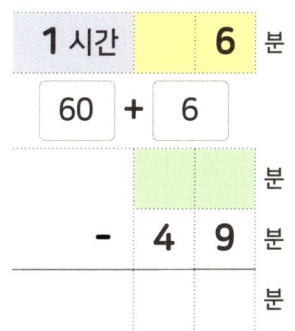

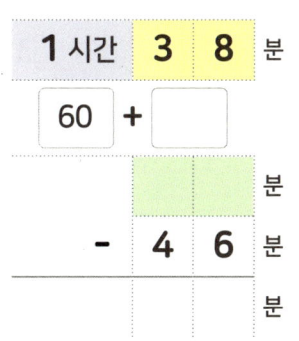
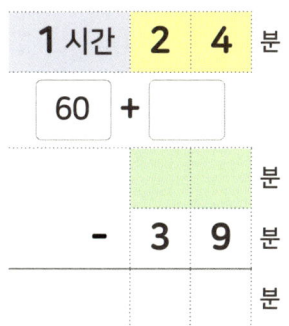

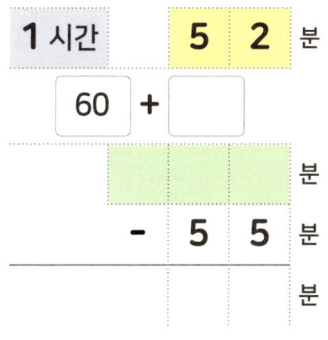
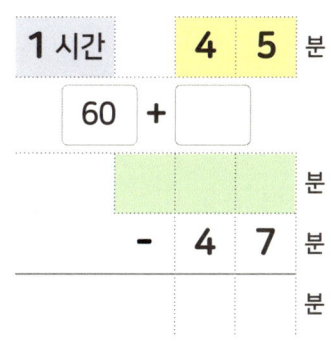

STEP 4 시간 뺄셈

날짜　　월　　일

 시간 받아내림이 있는 경우 분 연두 칸 으로 바꾼 후 뺄셈하세요.

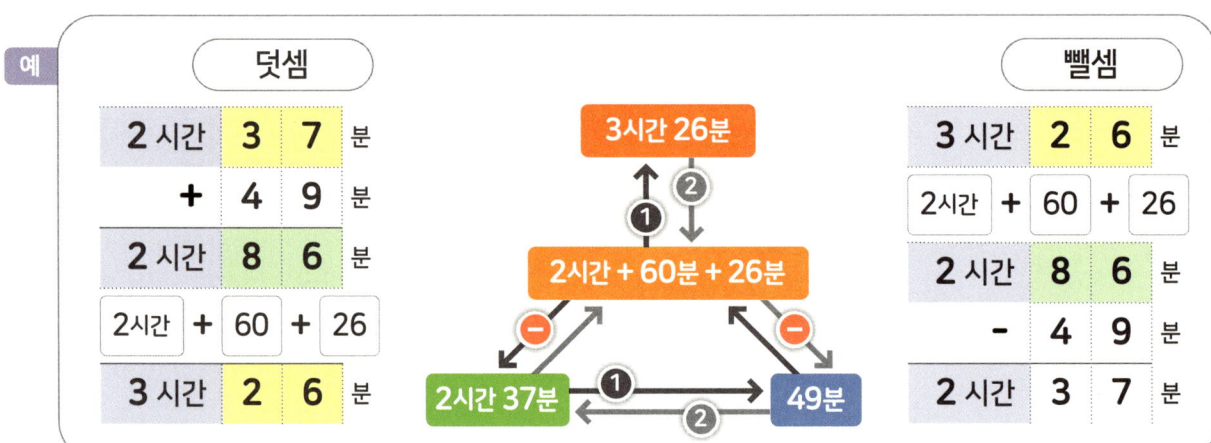

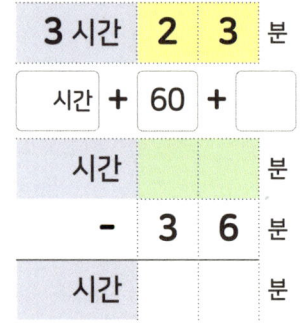

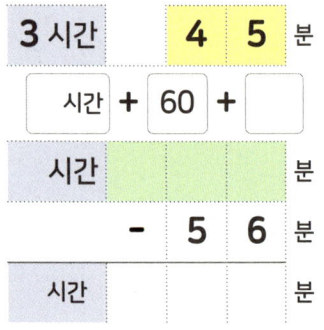

시간 뺄셈

| 날짜 | 월 | 일 |

 시간 받아내림이 있는 경우 분 연두 칸 으로 바꾼 후 뺄셈하세요.

	3 시간	2	8	분
	시간 +	60 +		
	2 시간	8	8	분
−	1 시간	4	2	분
	시간			분

	4 시간	3	7	분
	시간 +	60 +		
	시간			분
−	2 시간	4	3	분
	시간			분

	5 시간	3	2	분
	시간 +	60 +		
	시간			분
−	2 시간	5	4	분
	시간			분

	6 시간	1	6	분
	시간 +	60 +		
	시간			분
−	2 시간	3	8	분
	시간			분

	4 시간	3	4	분
	시간 +	60 +		
	시간			분
−	3 시간	4	6	분
	시간			분

	5 시간	1	5	분
	시간 +	60 +		
	시간			분
−	2 시간	3	9	분
	시간			분

시간 뺄셈

날짜   월   일

 시간 받아내림이 있는 경우 분 회색 칸 으로 바꾼 후 뺄셈하세요.

	4 시간	4	6	분
-	3 시간	3	5	분
	시간			분

	3 시간	5	6	분
-	1 시간	4	7	분
	시간			분

	5 시간	2	8	분
	시간			분
-	2 시간	4	9	분
	시간			분

	3 시간	3	5	분
	시간			분
-	1 시간	5	7	분
	시간			분

	4 시간	2	4	분
	시간			분
-	2 시간	3	8	분
	시간			분

	6 시간	3	8	분
	시간			분
-	3 시간	5	8	분
	시간			분

	5 시간	4	1	분
	시간			분
-	2 시간	4	6	분
	시간			분

	3 시간	5	2	분
	시간			분
-	2 시간	5	8	분
	시간			분

07

시간 측정

- 기록표
- 받아올림 덧셈 시간측정
- 덧셈 시간 측정
- 뺄셈 시간 측정
- 덧셈과 뺄셈 시간 측정

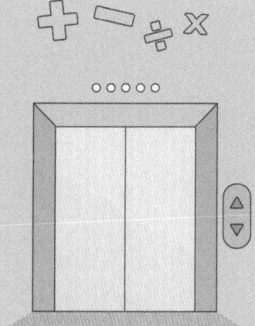

 # 기록표

| 날짜 | 월 | 일 |

 시간 측정하고 기록하세요.

시간 측정하는 방법
① 엄마가 '**준비**'하면 아이는 집중합니다.
② '**시작**'이라고 하면 시간 측정을 합니다.
③ 답을 다 쓰면 '**끝**'이라고 말합니다.
④ 학생이 여러 명 있을 경우는 '**자기 이름**'을 말합니다.
⑤ 걸린 시간을 얘기해주면 빈칸에 시간을 적습니다.

스텝

1. 받아올림 덧셈 시간측정

	1회	2회
날짜	/	/
시간	:	:

2. 일 + 일 100칸 덧셈 (목표 2:30)

	1회	2회	3회	4회
날짜	/	/	/	/
시간	:	:	:	:

3. 십 - 일 100칸 뺄셈 (목표 3:00)

	1회	2회	3회	4회
날짜	/	/	/	/
시간	:	:	:	:

4. 덧셈과 뺄셈 (목표 1:00)

	1회	2회	3회
날짜	/	/	/
시간	:	:	:

4회 후에도 105, 107쪽으로 연습하세요.

받아올림 덧셈 시간측정

날짜   월   일

덧셈 시간 측정하세요.   :

받아올림 덧셈 시간 측정하세요.

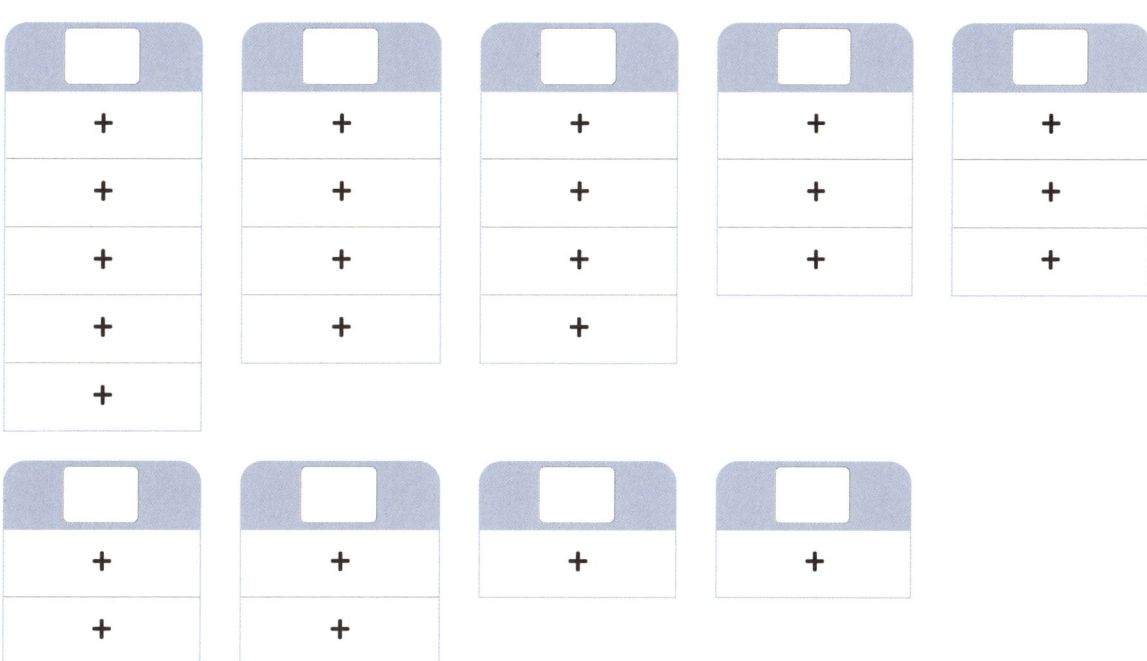

받아올림 덧셈 시간 측정하세요.

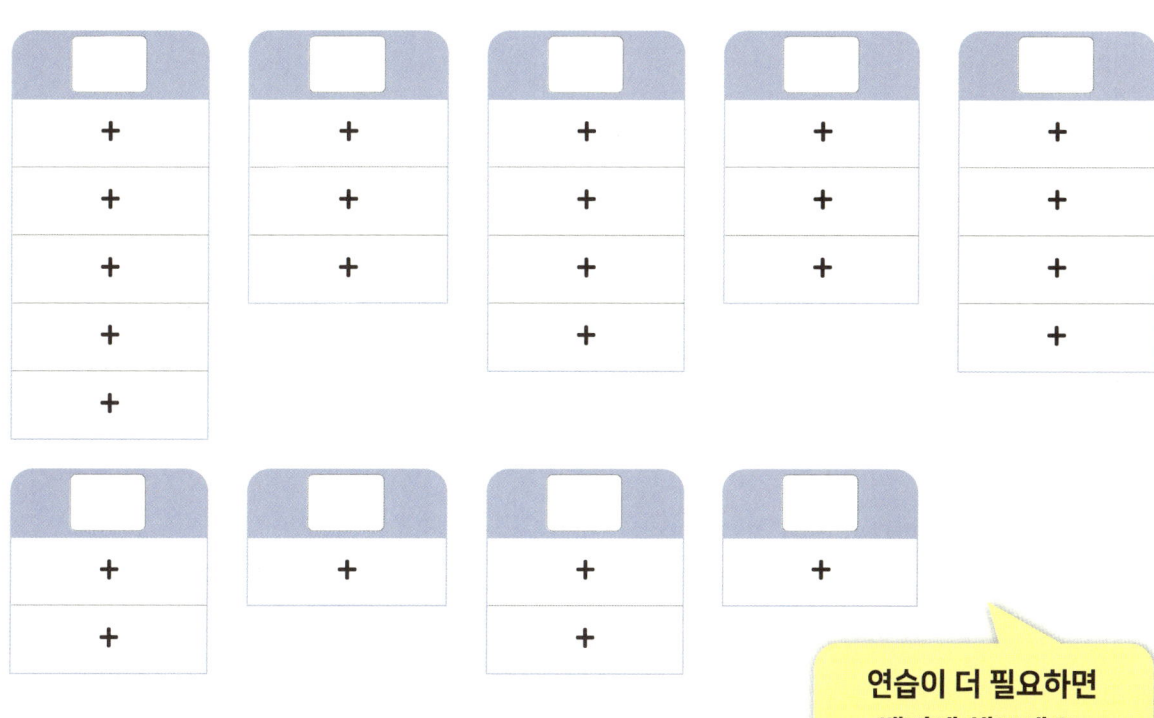

연습이 더 필요하면 백지에 해보세요.

덧셈 시간 측정 1

날짜   월   일

덧셈 시간 측정하세요.   :

① 색깔이 있는 부분은 받아올림이 있는 곳입니다.
① 15분이 넘으면 멈추세요.

+	4	2	5	3	10	7	9	8	6
3									
5									
2									
4									
8									
6									
9									
7									
10									

목표 시간 2:30 에 도달할 때까지 105쪽을 반복해서 연습하세요.

덧셈 시간 측정 2

날짜   월   일

덧셈 시간 측정하세요.   :

+	4	2	5	3	10	7	9	8	6
3									
5									
2									
4									
8									
6									
9									
7									
10									

덧셈 시간 측정 3

날짜   월   일

덧셈 시간 측정하세요.

+	4	2	5	3	10	7	9	8	6
3									
5									
2									
4									
8									
6									
9									
7									
10									

덧셈 시간 측정 4

날짜   월   일

덧셈 시간 측정하세요.   :

+	4	2	5	3	10	7	9	8	6
3									
5									
2									
4									
8									
6									
9									
7									
10									

시간 측정

덧셈 시간 측정 추가

날짜 월 일

하늘색 칸에 2~10을 쓰고, 살색칸에는 부호를 넣어 덧셈을 하세요.

:

# 뺄셈 시간 측정 1

| 날짜 | 월 일 |

뺄셈 시간 측정하세요.   :

! 색깔이 있는 부분은 받아내림이 있는 곳입니다.

−	18	16	10	17	13	11	15	12	14
3									
5									
2									
4									
10									
8									
6									
7									
9									

뺄셈 시간 측정 2

날짜   월   일

뺄셈 시간 측정하세요.    :

−	18	16	10	17	13	11	15	12	14
3									
5									
2									
4									
10									
8									
6									
7									
9									

 뺄셈 시간 측정 3

날짜   월   일

뺄셈 시간 측정하세요.    :

−	18	16	10	17	13	11	15	12	14
3									
5									
2									
4									
10									
8									
6									
7									
9									

뺄셈 시간 측정 4

날짜   월   일

뺄셈 시간 측정하세요.    :

−	18	16	10	17	13	11	15	12	14
3									
5									
2									
4									
10									
8									
6									
7									
9									

시간 측정

뺄셈 시간 측정 추가

날짜 월 일

하늘색 칸에 수를 쓰고, 살색칸에는 부호를 넣어 뺄셈을 하세요.

:

덧셈과 뺄셈 시간 측정 1

덧셈과 뺄셈 하세요.

01 7 + 8 =

02 12 + 7 =

03 16 + 7 =

04 14 + 8 =

05 13 + 9 =

06 17 + 6 =

07 3 + 16 =

08 13 + 7 =

09 9 + 18 =

10 7 + 15 =

11 11 - 4 =

12 15 - 7 =

13 17 - 15 =

14 12 - 5 =

15 13 - 8 =

16 21 - 5 =

17 15 - 6 =

18 16 - 9 =

19 20 - 12 =

20 14 - 6 =

덧셈과 뺄셈 시간 측정 2

날짜   월   일

덧셈과 뺄셈 하세요.    :

01 6 + 7 =

02 16 + 7 =

03 7 + 5 =

04 8 + 18 =

05 5 + 18 =

06 13 + 9 =

07 7 + 8 =

08 8 + 17 =

09 14 + 9 =

10 8 + 16 =

11 15 - 7 =

12 13 - 6 =

13 17 - 15 =

14 13 - 7 =

15 12 - 5 =

16 21 - 4 =

17 15 - 8 =

18 16 - 7 =

19 13 - 5 =

20 11 - 7 =

덧셈과 뺄셈 시간 측정 3

날짜   월   일

덧셈과 뺄셈 하세요.

01 6 + 7 =

02 16 + 7 =

03 7 + 5 =

04 8 + 18 =

05 5 + 18 =

06 13 + 9 =

07 7 + 8 =

08 8 + 17 =

09 14 + 9 =

10 8 + 16 =

11 15 - 7 =

12 13 - 6 =

13 17 - 15 =

14 13 - 7 =

15 12 - 5 =

16 21 - 4 =

17 15 - 8 =

18 16 - 7 =

19 13 - 5 =

20 11 - 7 =

정답 확인

덧셈과 뺄셈

정답 확인
차례

기본 덧셈 — 121쪽

기본 뺄셈 — 127쪽

자릿수 확장 — 130쪽

구조로 배우는 문장제
: 문장제가 쉬워지는 꿀팁 — 136쪽

시간 덧셈과 뺄셈 — 141쪽

시간측정 — 143쪽

7쪽

덧셈
- 01) 0 + 2 = 2
- 02) 2 + 2 = 4
- 03) 4 + 2 = 6
- 04) 6 + 2 = 8
- 05) 8 + 2 = 10
- 06) 10 + 2 = 12
- 07) 12 + 2 = 14
- 08) 14 + 2 = 16
- 09) 16 + 2 = 18
- 10) 18 + 2 = 20

곱셈: 1, 2, 3, 4, 5, 6, 7, 8, 9, 10, 11, 12, 13, 14, 15, 16, 17, 18, 19, 20

뺄셈
- 01) 4 - 2 = 2
- 02) 6 - 2 = 4
- 03) 8 - 2 = 6
- 04) 10 - 2 = 8
- 05) 12 - 2 = 10
- 06) 14 - 2 = 12
- 07) 16 - 2 = 14
- 08) 18 - 2 = 16
- 09) 20 - 2 = 18

8쪽

덧셈
- 01) 0 + 3 = 3
- 02) 3 + 3 = 6
- 03) 6 + 3 = 9
- 04) 9 + 3 = 12
- 05) 12 + 3 = 15
- 06) 15 + 3 = 18
- 07) 18 + 3 = 21
- 08) 21 + 3 = 24
- 09) 24 + 3 = 27
- 10) 27 + 3 = 30

곱셈: 1, 2, 3, 4, 5, 6, 7, 8, 9, 10, 11, 12, 13, 14, 15, 16, 17, 18, 19, 20, 21, 22, 23, 24, 25, 26, 27, 28, 29, 30

뺄셈
- 01) 6 - 3 = 3
- 02) 9 - 3 = 6
- 03) 12 - 3 = 9
- 04) 15 - 3 = 12
- 05) 18 - 3 = 15
- 06) 21 - 3 = 18
- 07) 24 - 3 = 21
- 08) 27 - 3 = 24
- 09) 30 - 3 = 27

9쪽

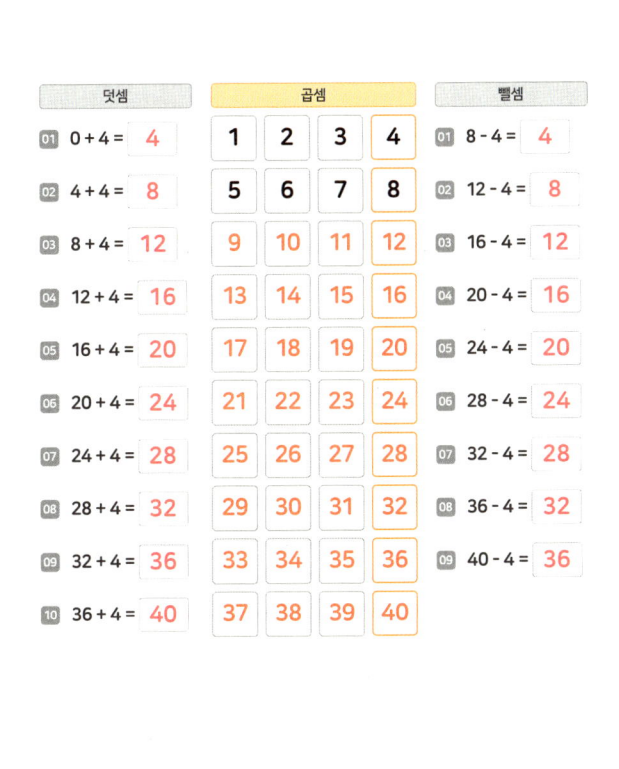

덧셈
- 01) 0 + 4 = 4
- 02) 4 + 4 = 8
- 03) 8 + 4 = 12
- 04) 12 + 4 = 16
- 05) 16 + 4 = 20
- 06) 20 + 4 = 24
- 07) 24 + 4 = 28
- 08) 28 + 4 = 32
- 09) 32 + 4 = 36
- 10) 36 + 4 = 40

곱셈: 1, 2, 3, 4, 5, 6, 7, 8, 9, 10, 11, 12, 13, 14, 15, 16, 17, 18, 19, 20, 21, 22, 23, 24, 25, 26, 27, 28, 29, 30, 31, 32, 33, 34, 35, 36, 37, 38, 39, 40

뺄셈
- 01) 8 - 4 = 4
- 02) 12 - 4 = 8
- 03) 16 - 4 = 12
- 04) 20 - 4 = 16
- 05) 24 - 4 = 20
- 06) 28 - 4 = 24
- 07) 32 - 4 = 28
- 08) 36 - 4 = 32
- 09) 40 - 4 = 36

10쪽

덧셈
- 01) 0 + 5 = 5
- 02) 5 + 5 = 10
- 03) 10 + 5 = 15
- 04) 15 + 5 = 20
- 05) 20 + 5 = 25
- 06) 25 + 5 = 30
- 07) 30 + 5 = 35
- 08) 35 + 5 = 40
- 09) 40 + 5 = 45
- 10) 45 + 5 = 50

곱셈: 1, 2, 3, 4, 5, 6, 7, 8, 9, 10, 11, 12, 13, 14, 15, 16, 17, 18, 19, 20, 21, 22, 23, 24, 25, 26, 27, 28, 29, 30, 31, 32, 33, 34, 35, 36, 37, 38, 39, 40, 41, 42, 43, 44, 45, 46, 47, 48, 49, 50

뺄셈
- 01) 10 - 5 = 5
- 02) 15 - 5 = 10
- 03) 20 - 5 = 15
- 04) 25 - 5 = 20
- 05) 30 - 5 = 25
- 06) 35 - 5 = 30
- 07) 40 - 5 = 35
- 08) 45 - 5 = 40
- 09) 50 - 5 = 45

11쪽
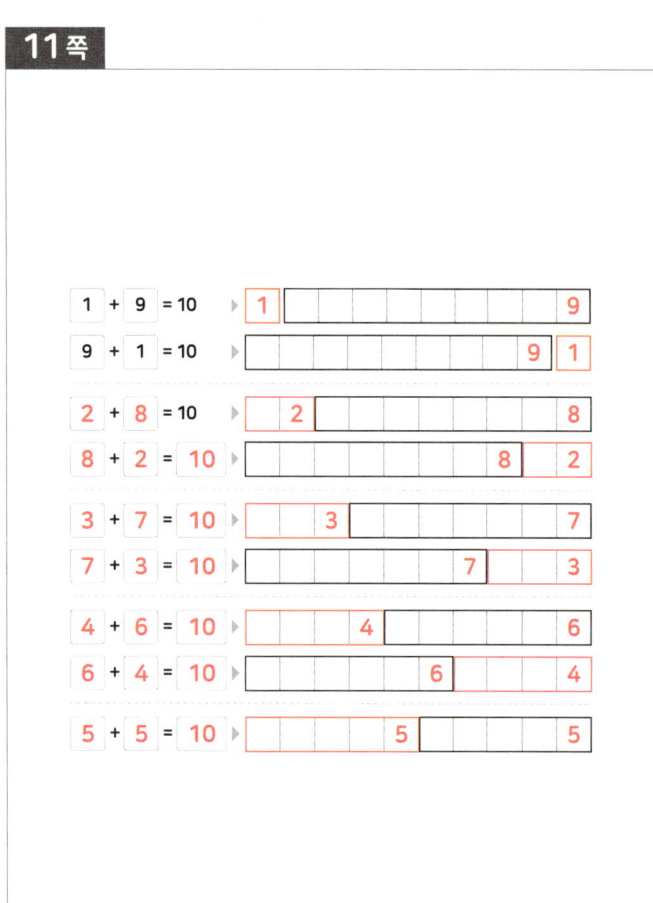

12쪽
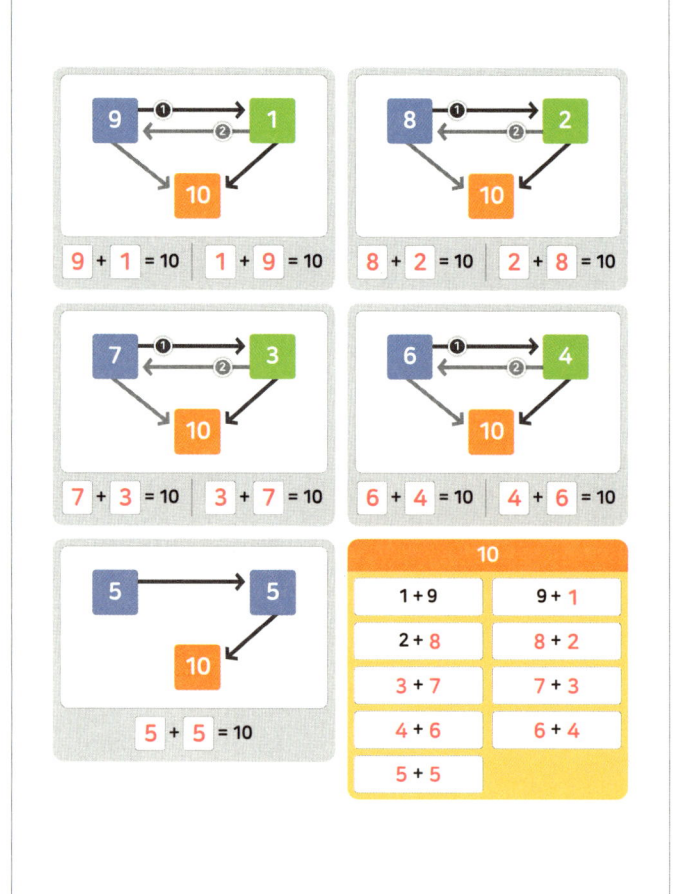

13쪽
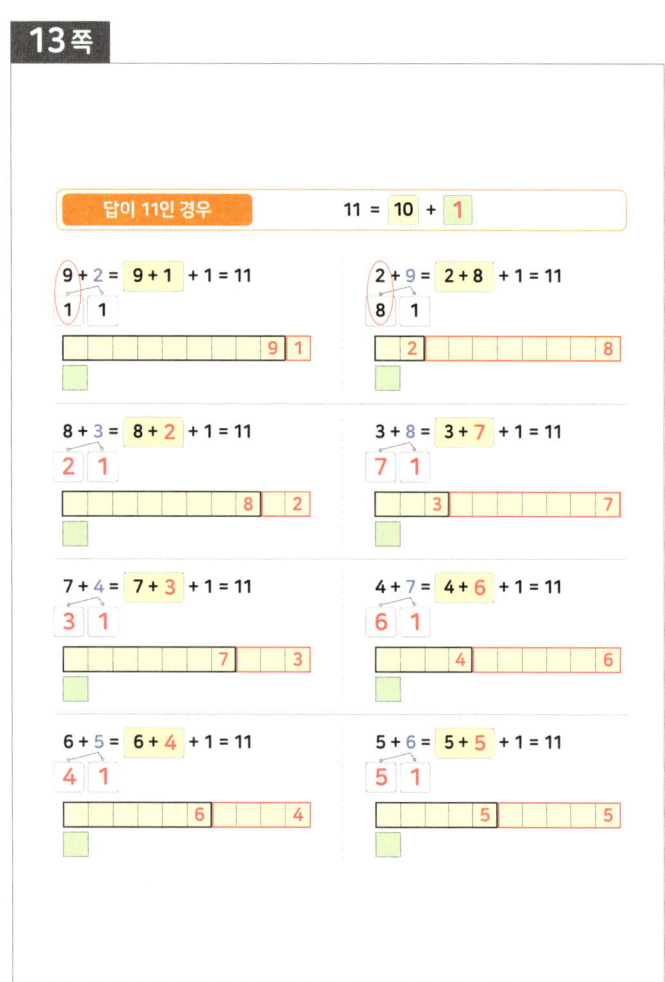

14쪽
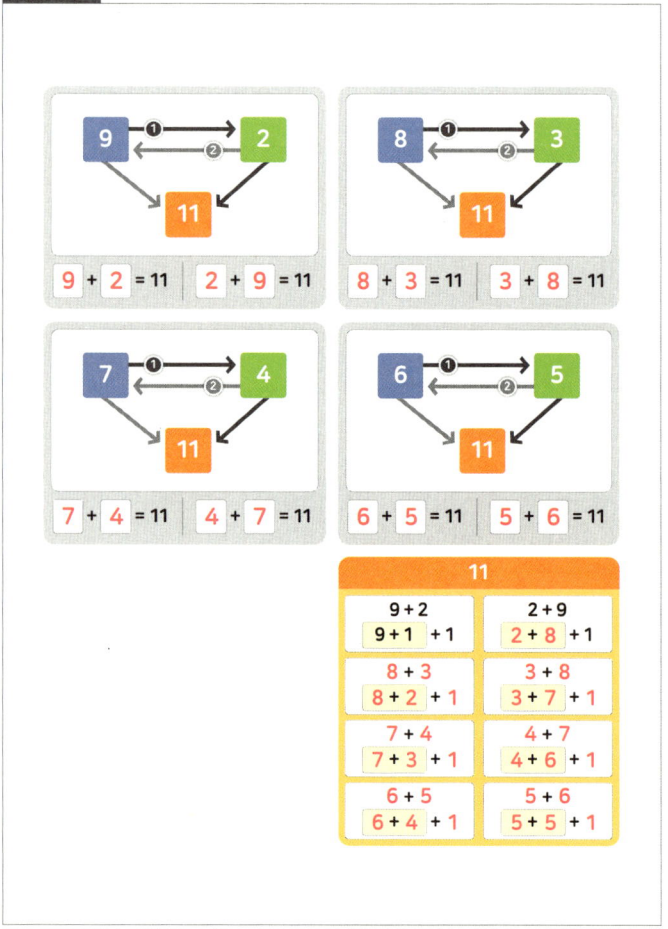

15쪽

16쪽

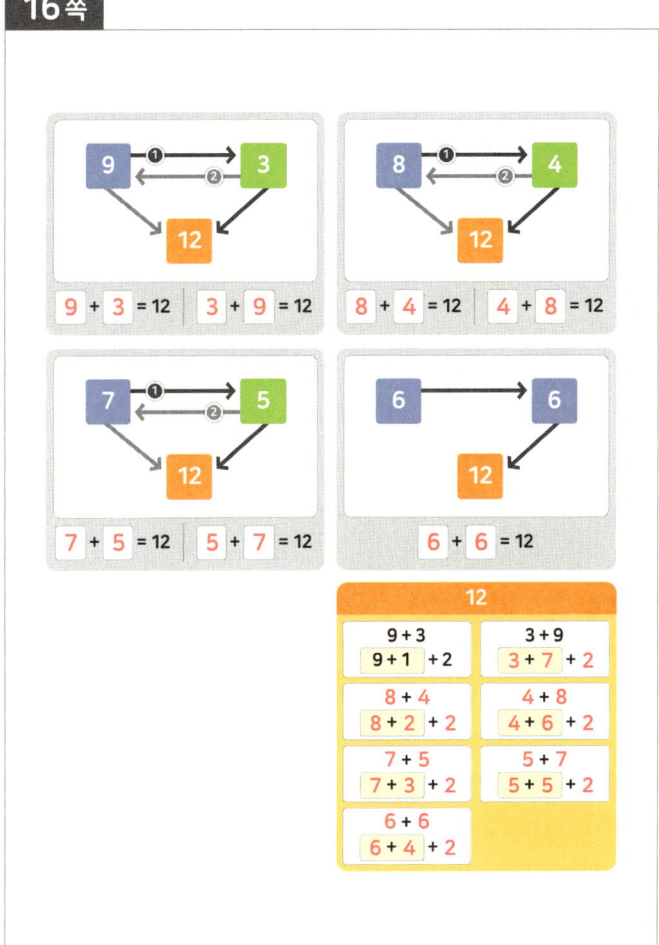

17쪽

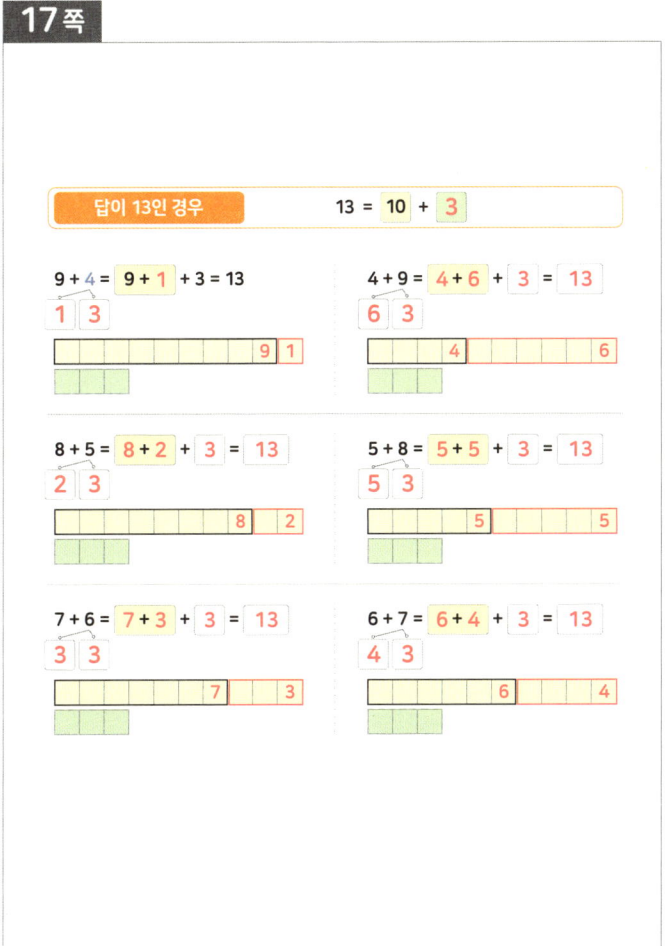

18쪽

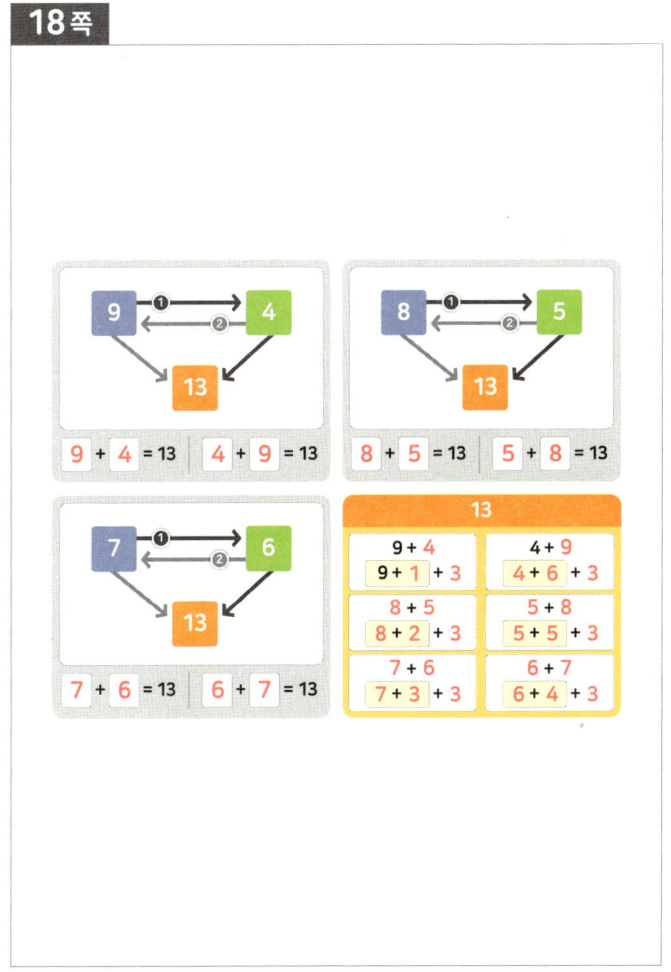

19쪽

20쪽
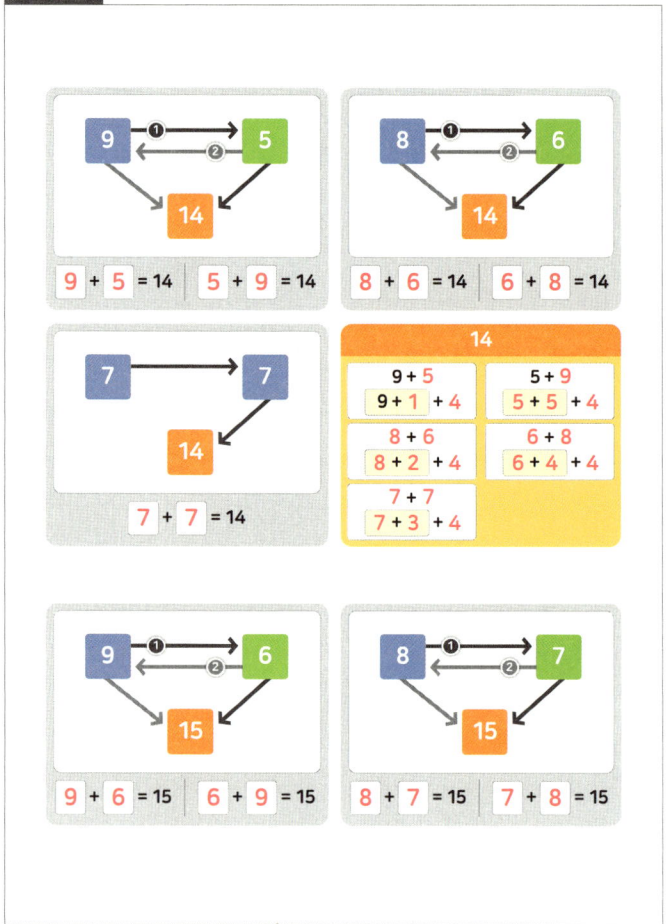

21쪽

22쪽
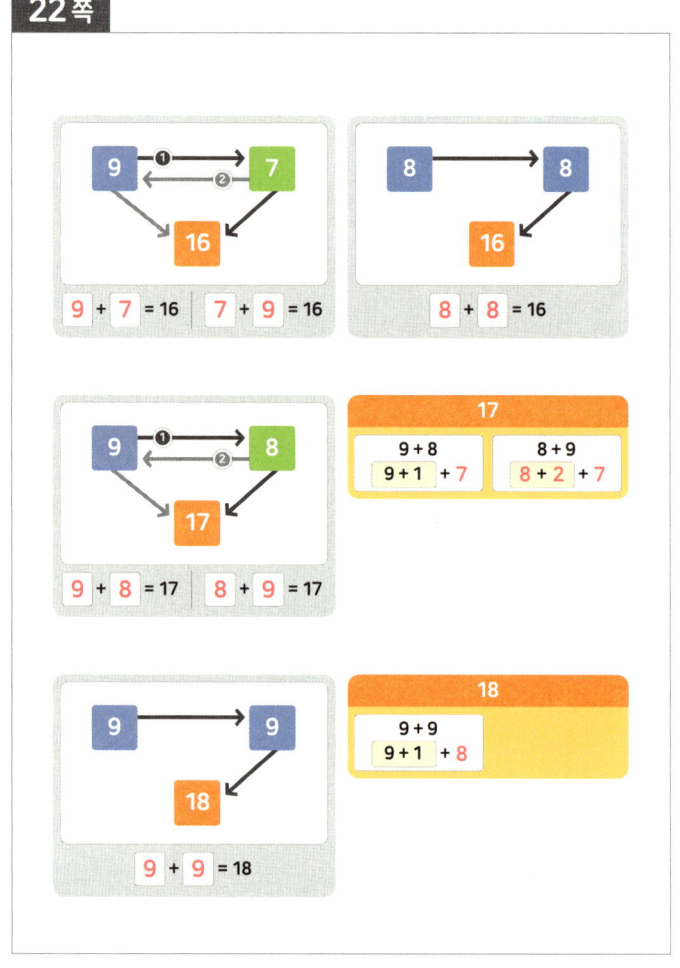

23쪽

10	
1 + 9	9 + 1
2 + 8	8 + 2
3 + 7	7 + 3
4 + 6	6 + 4
5 + 5	

11	
2 + 9	9 + 2
3 + 8	8 + 3
4 + 7	7 + 4
5 + 6	6 + 5

12	
3 + 9	9 + 3
4 + 8	8 + 4
5 + 7	7 + 5
6 + 6	

13	
4 + 9	9 + 4
5 + 8	8 + 5
6 + 7	7 + 6

14	
5 + 9	9 + 5
6 + 8	8 + 6
7 + 7	

15	
6 + 9	9 + 6
7 + 8	8 + 7

16	
7 + 9	9 + 7
8 + 8	

17	
8 + 9	9 + 8

18
9 + 9

24, 25쪽

26쪽

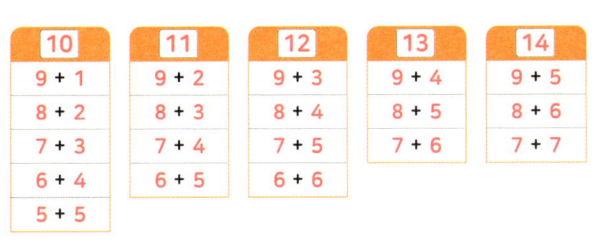

27쪽

* 이 배열도 가능합니다.

28쪽

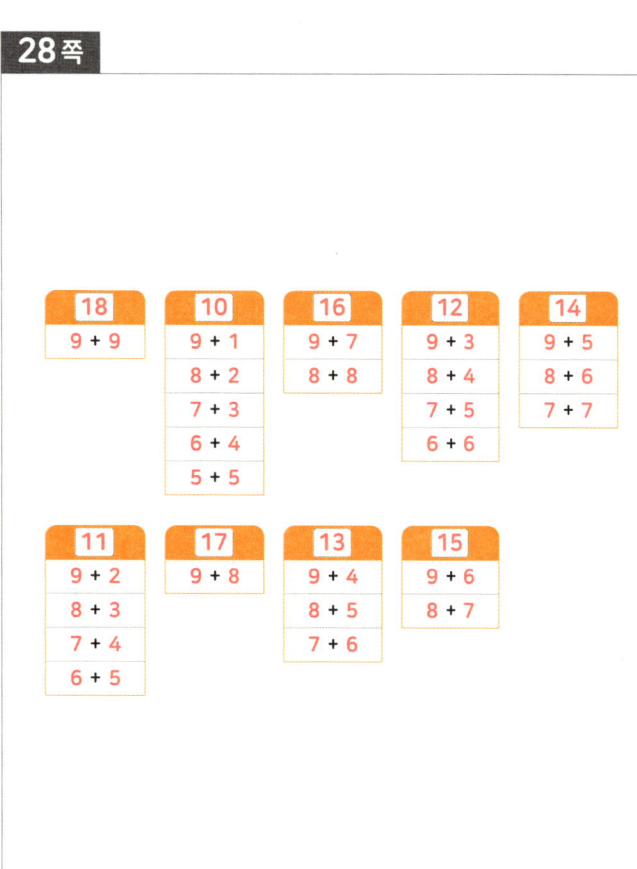

29쪽

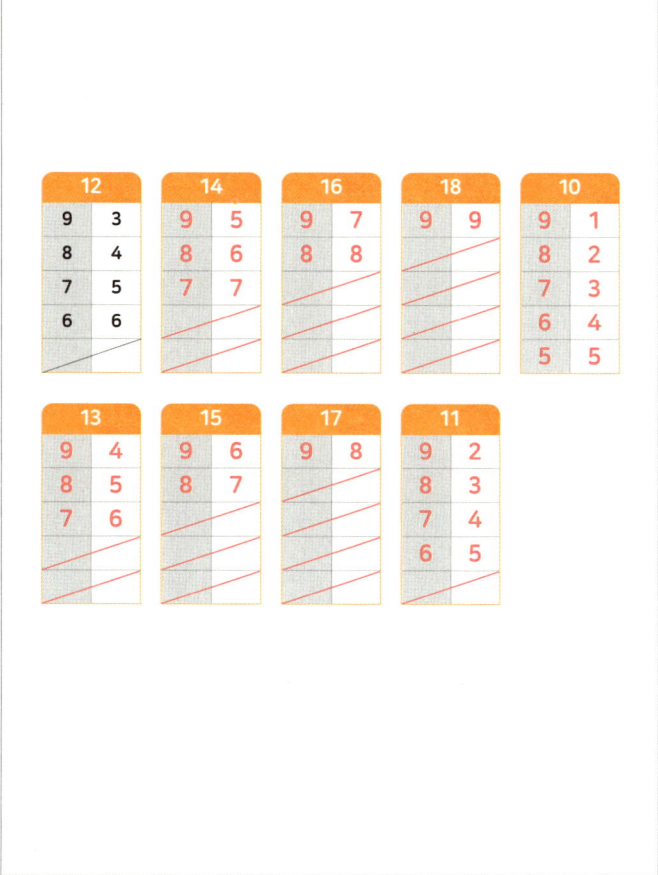

30쪽

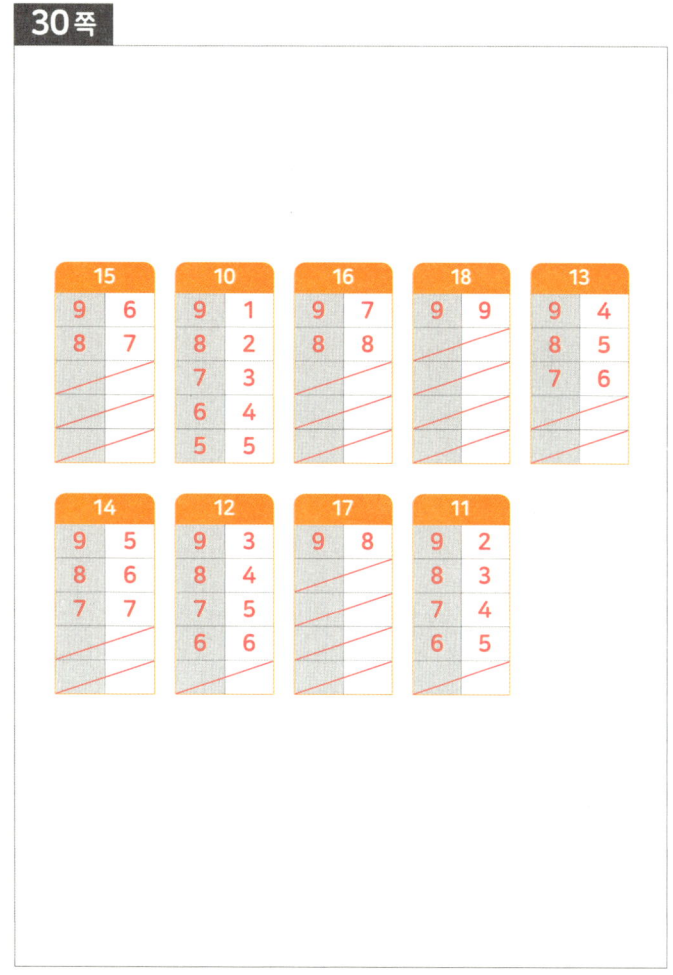

31쪽

01	3 + 2 = 5	22	3 + 8 = 11	43	8 + 6 = 14
02	3 + 5 = 8	23	5 + 5 = 10	44	8 + 3 = 11
03	3 + 3 = 6	24	5 + 7 = 12	45	8 + 7 = 15
04	3 + 6 = 9	25	5 + 9 = 14	46	8 + 9 = 17
05	3 + 4 = 7	26	5 + 6 = 11	47	8 + 4 = 12
06	5 + 2 = 7	27	5 + 8 = 13	48	8 + 8 = 16
07	5 + 4 = 9	28	2 + 9 = 11	49	7 + 5 = 12
08	5 + 3 = 8	29	2 + 7 = 9	50	7 + 6 = 13
09	2 + 5 = 7	30	2 + 8 = 10	51	7 + 3 = 10
10	2 + 3 = 5	31	4 + 7 = 11	52	7 + 7 = 14
11	2 + 6 = 8	32	4 + 9 = 13	53	7 + 9 = 16
12	2 + 4 = 6	33	4 + 6 = 10	54	7 + 4 = 11
13	4 + 2 = 6	34	4 + 8 = 12	55	7 + 8 = 15
14	4 + 5 = 9	35	6 + 5 = 11	56	9 + 2 = 11
15	4 + 4 = 8	36	6 + 4 = 10	57	9 + 5 = 14
16	4 + 3 = 7	37	6 + 7 = 13	58	9 + 6 = 15
17	6 + 2 = 8	38	6 + 9 = 15	59	9 + 3 = 12
18	6 + 3 = 9	39	6 + 6 = 12	60	9 + 7 = 16
19	7 + 2 = 9	40	6 + 8 = 14	61	9 + 9 = 18
20	3 + 9 = 12	41	8 + 2 = 10	62	9 + 4 = 13
21	3 + 7 = 10	42	8 + 5 = 13	63	9 + 8 = 17

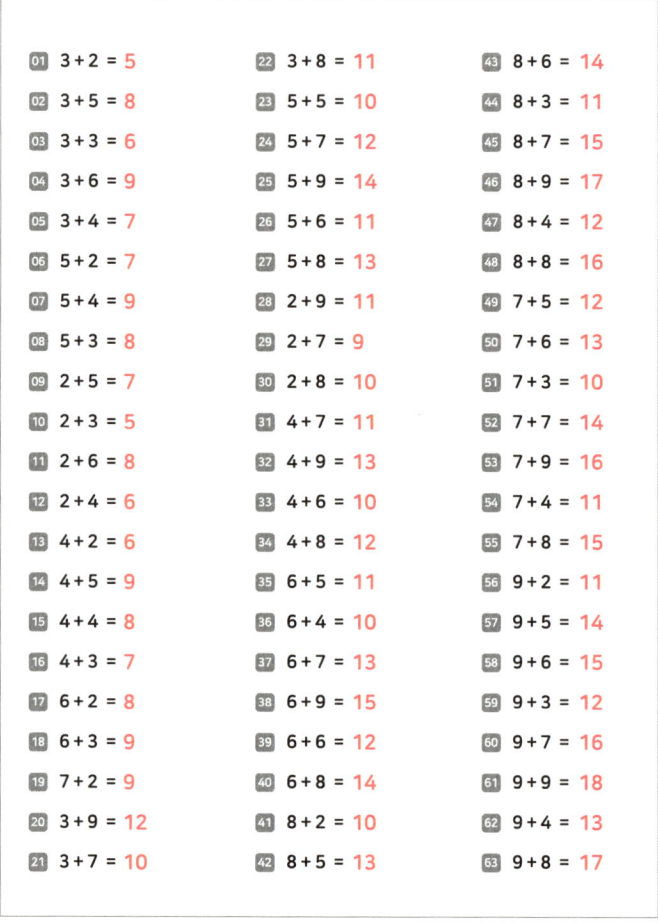

32쪽

01	2 + 5 = 7	22	2 + 8 = 10	43	6 + 5 = 11
02	2 + 3 = 5	23	5 + 5 = 10	44	6 + 4 = 10
03	2 + 6 = 8	24	5 + 7 = 12	45	6 + 7 = 13
04	2 + 4 = 6	25	5 + 9 = 14	46	6 + 9 = 15
05	5 + 2 = 7	26	5 + 6 = 11	47	6 + 6 = 12
06	5 + 4 = 9	27	5 + 8 = 13	48	6 + 8 = 14
07	5 + 3 = 8	28	3 + 9 = 12	49	9 + 2 = 11
08	3 + 2 = 5	29	3 + 7 = 10	50	9 + 5 = 14
09	3 + 5 = 8	30	3 + 8 = 11	51	9 + 6 = 15
10	3 + 3 = 6	31	4 + 7 = 11	52	9 + 3 = 12
11	3 + 6 = 9	32	4 + 9 = 13	53	9 + 7 = 16
12	3 + 4 = 7	33	4 + 6 = 10	54	9 + 9 = 18
13	4 + 2 = 6	34	4 + 8 = 12	55	9 + 4 = 13
14	4 + 5 = 9	35	8 + 2 = 10	56	9 + 8 = 17
15	4 + 4 = 8	36	8 + 5 = 13	57	7 + 5 = 12
16	4 + 3 = 7	37	8 + 6 = 14	58	7 + 6 = 13
17	6 + 2 = 8	38	8 + 3 = 11	59	7 + 3 = 10
18	6 + 3 = 9	39	8 + 7 = 15	60	7 + 7 = 14
19	7 + 2 = 9	40	8 + 9 = 17	61	7 + 9 = 16
20	2 + 9 = 11	41	8 + 4 = 12	62	7 + 4 = 11
21	2 + 7 = 9	42	8 + 8 = 16	63	7 + 8 = 15

34쪽

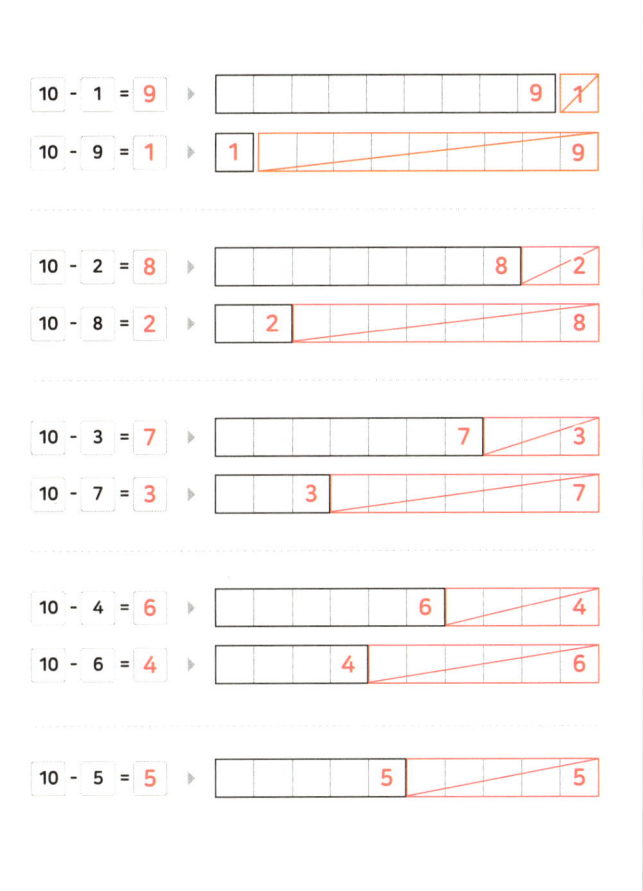

35쪽

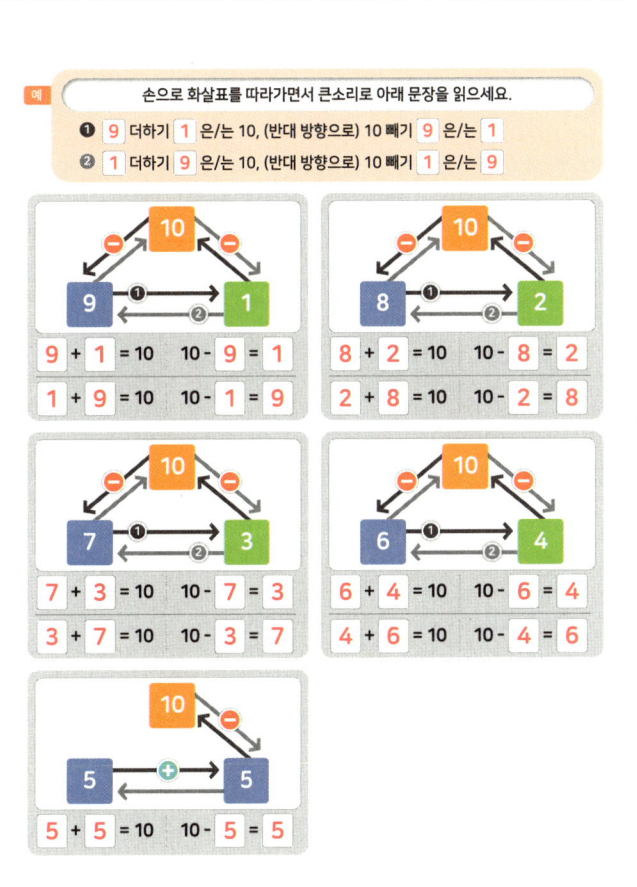

36쪽

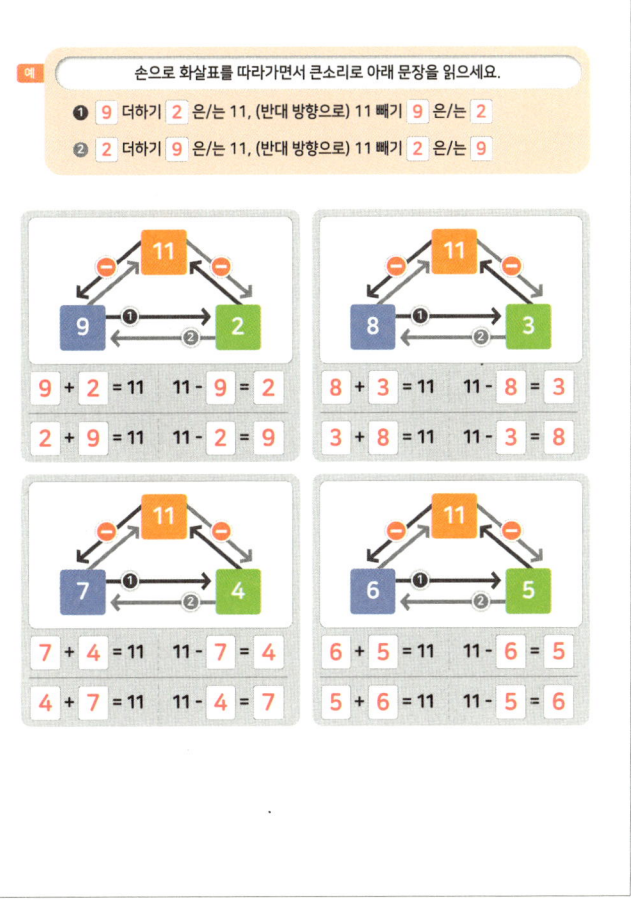

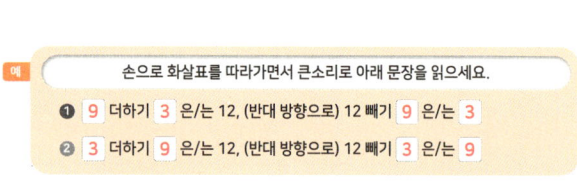
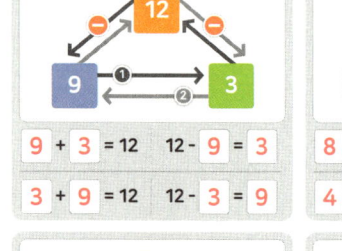
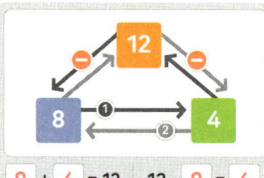
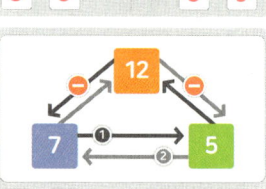
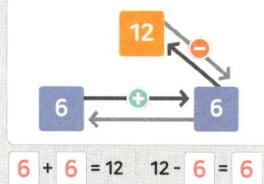
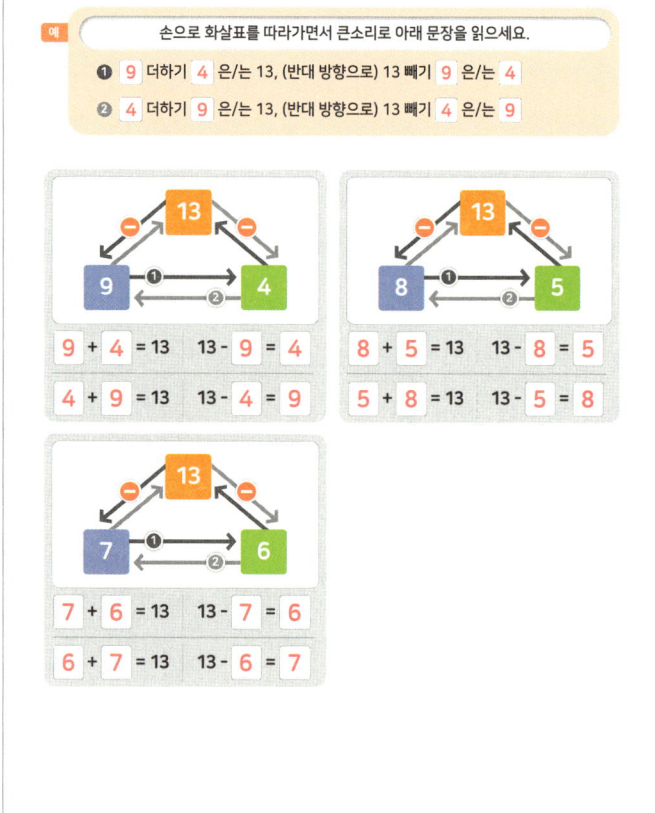
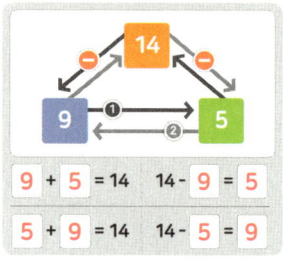
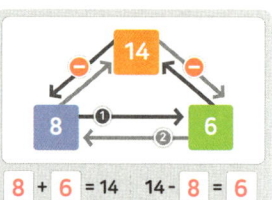
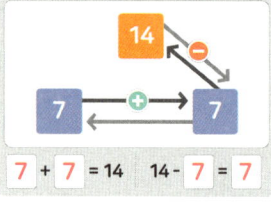

41쪽
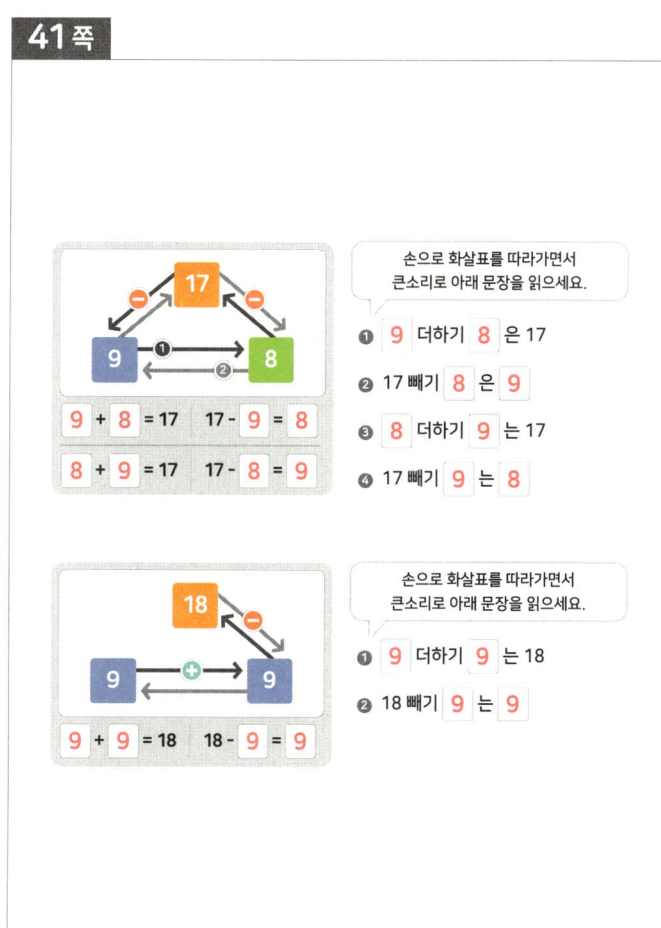

42쪽

43쪽

44쪽
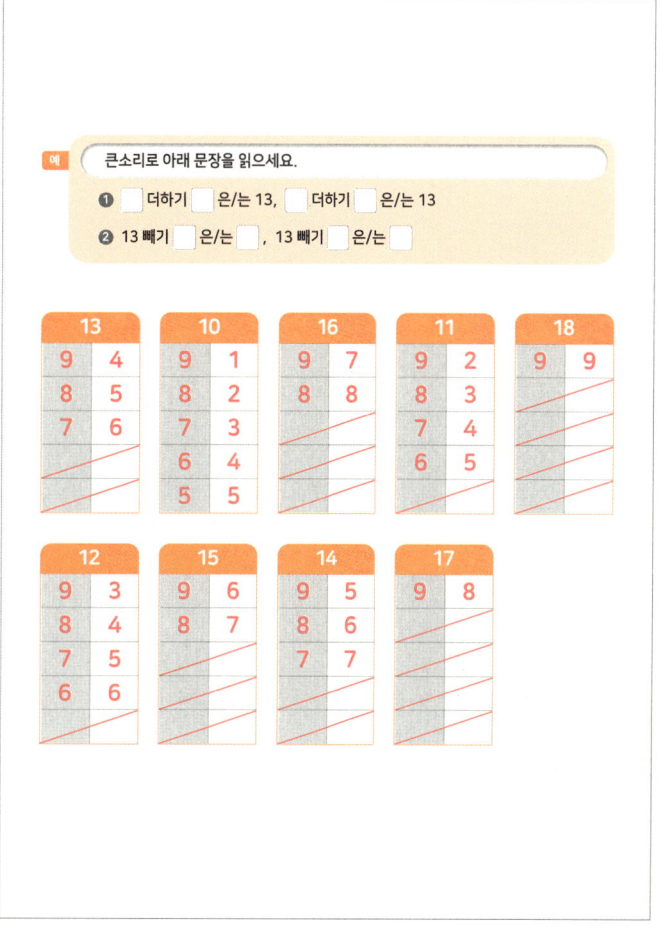

45쪽

01	13 - 2 = 11	22	18 - 8 = 10	43	12 - 3 = 9
02	13 - 3 = 10	23	18 - 6 = 12	44	12 - 6 = 6
03	16 - 3 = 13	24	18 - 9 = 9	45	12 - 9 = 3
04	16 - 5 = 11	25	18 - 7 = 11	46	12 - 7 = 5
05	16 - 2 = 14	26	11 - 3 = 8	47	12 - 8 = 4
06	16 - 4 = 12	27	11 - 5 = 6	48	15 - 6 = 9
07	14 - 2 = 12	28	11 - 2 = 9	49	15 - 9 = 6
08	14 - 4 = 10	29	11 - 4 = 7	50	15 - 7 = 8
09	14 - 3 = 11	30	11 - 8 = 3	51	15 - 8 = 7
10	15 - 4 = 11	31	11 - 6 = 5	52	13 - 5 = 8
11	15 - 2 = 13	32	11 - 9 = 2	53	13 - 4 = 9
12	17 - 3 = 14	33	11 - 7 = 4	54	13 - 6 = 7
13	17 - 5 = 12	34	14 - 5 = 9	55	13 - 9 = 4
14	17 - 2 = 15	35	14 - 6 = 8	56	13 - 7 = 6
15	17 - 4 = 13	36	14 - 9 = 5	57	13 - 8 = 5
16	17 - 6 = 11	37	14 - 7 = 7	58	16 - 8 = 8
17	17 - 7 = 10	38	14 - 8 = 6	59	16 - 9 = 7
18	18 - 3 = 15	39	10 - 7 = 3	60	16 - 7 = 9
19	18 - 5 = 13	40	10 - 4 = 6	61	18 - 9 = 9
20	18 - 2 = 16	41	12 - 5 = 7	62	17 - 8 = 9
21	18 - 4 = 14	42	12 - 4 = 8	63	17 - 9 = 8

46쪽

01	18 - 3 = 15	22	15 - 2 = 13	43	13 - 6 = 7
02	18 - 5 = 13	23	14 - 2 = 12	44	13 - 9 = 4
03	18 - 2 = 16	24	14 - 4 = 10	45	13 - 7 = 6
04	18 - 4 = 14	25	14 - 3 = 11	46	13 - 8 = 5
05	18 - 8 = 10	26	18 - 9 = 9	47	15 - 6 = 9
06	18 - 6 = 12	27	16 - 8 = 8	48	15 - 9 = 6
07	18 - 9 = 9	28	16 - 9 = 7	49	15 - 7 = 8
08	18 - 7 = 11	29	16 - 7 = 9	50	15 - 8 = 7
09	16 - 3 = 13	30	11 - 3 = 8	51	12 - 5 = 7
10	16 - 5 = 11	31	11 - 5 = 6	52	12 - 4 = 8
11	16 - 2 = 14	32	11 - 2 = 9	53	12 - 3 = 9
12	16 - 4 = 12	33	11 - 4 = 7	54	12 - 6 = 6
13	17 - 3 = 14	34	11 - 8 = 3	55	12 - 9 = 3
14	17 - 5 = 12	35	11 - 6 = 5	56	12 - 7 = 5
15	17 - 2 = 15	36	11 - 9 = 2	57	12 - 8 = 4
16	17 - 4 = 13	37	11 - 7 = 4	58	14 - 5 = 9
17	17 - 6 = 11	38	17 - 8 = 9	59	14 - 6 = 8
18	17 - 7 = 10	39	17 - 9 = 8	60	14 - 9 = 5
19	13 - 2 = 11	40	13 - 5 = 8	61	14 - 7 = 7
20	13 - 3 = 10	41	13 - 4 = 9	62	14 - 8 = 6
21	15 - 4 = 11	42	10 - 3 = 7	63	10 - 6 = 4

48쪽

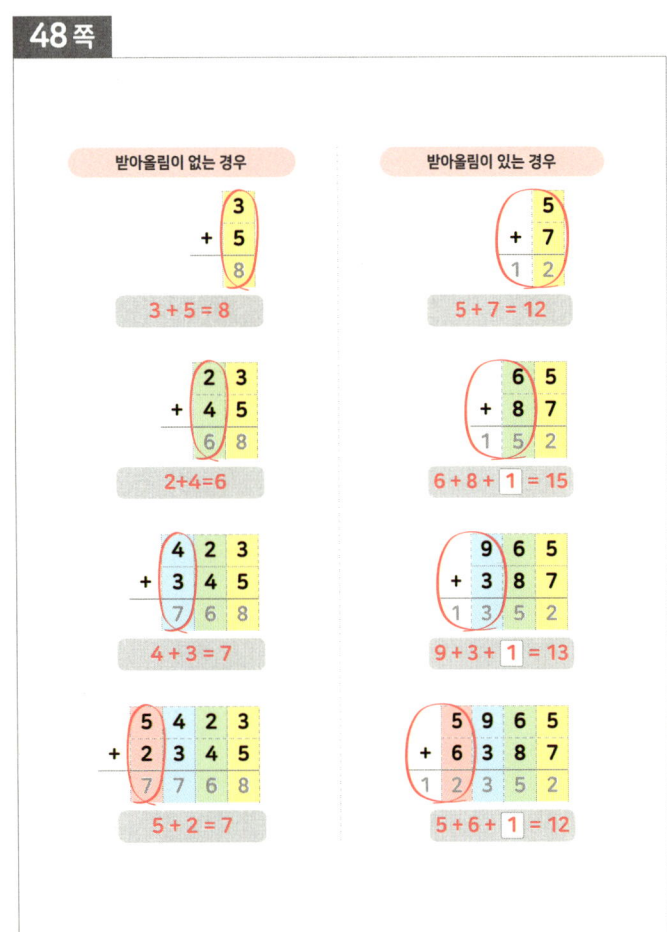

49쪽

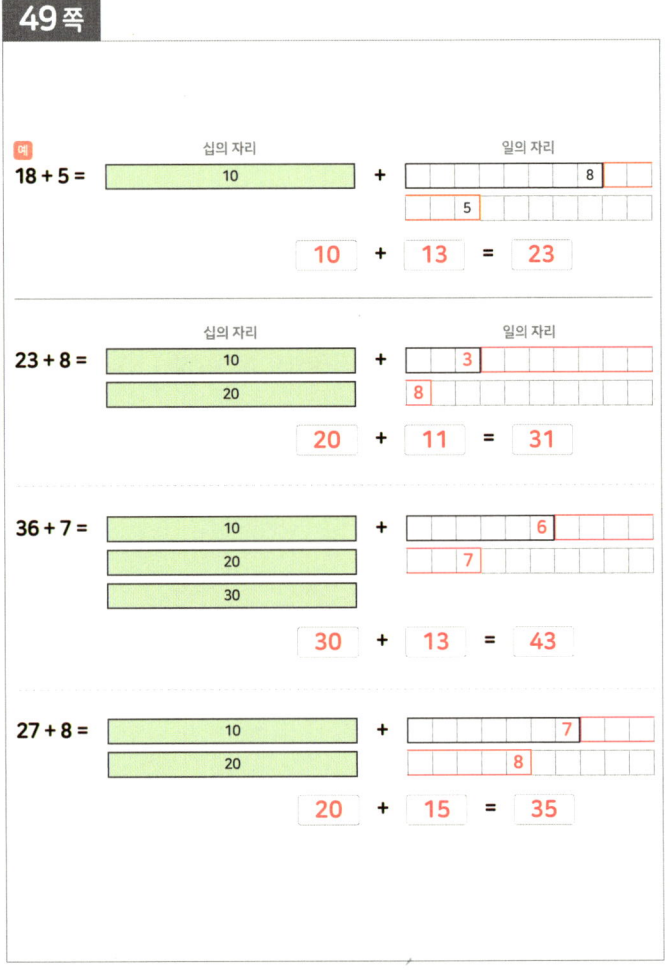

50쪽

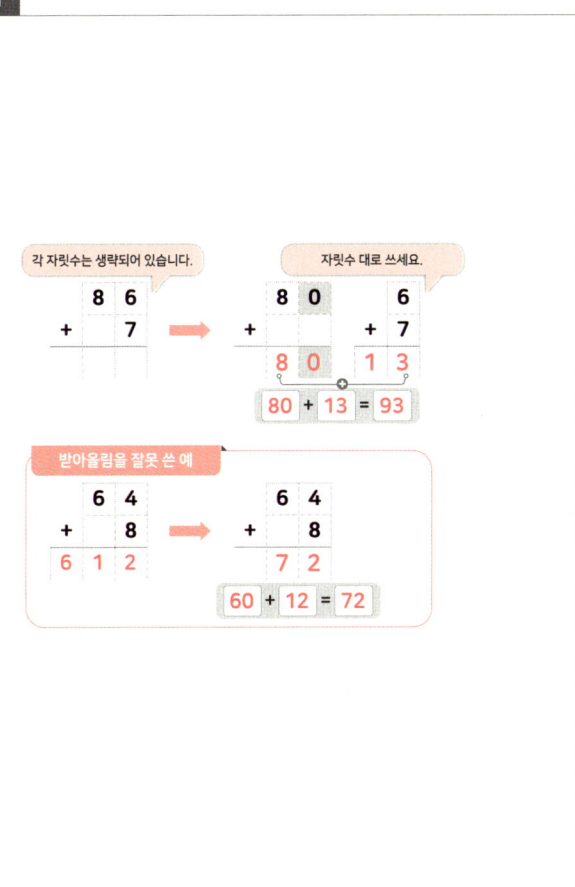

51쪽

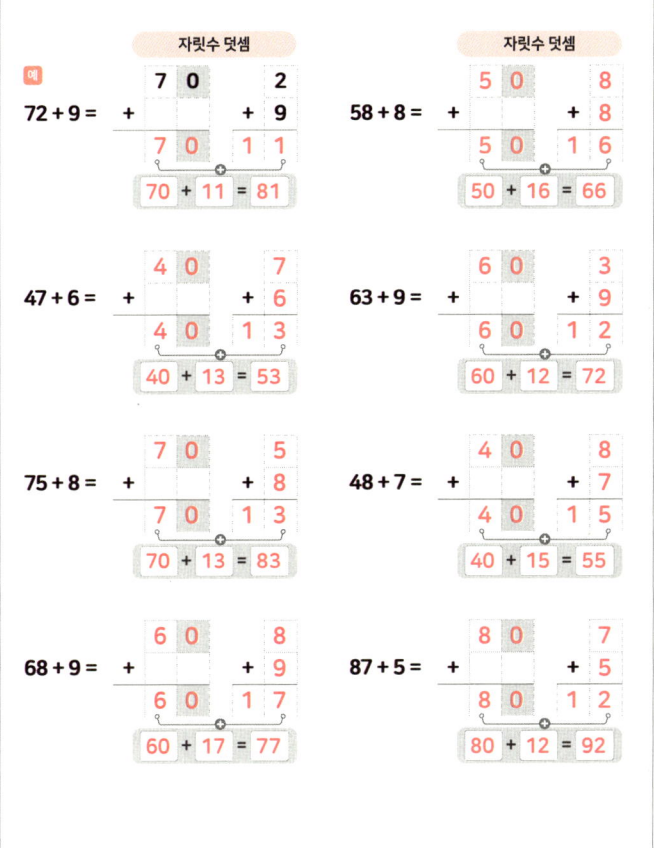

52쪽

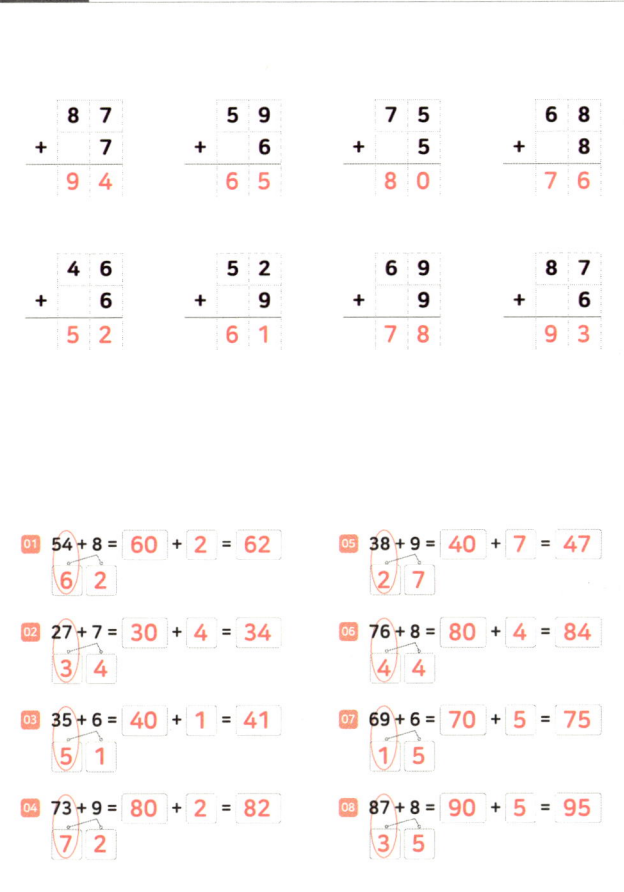

53쪽

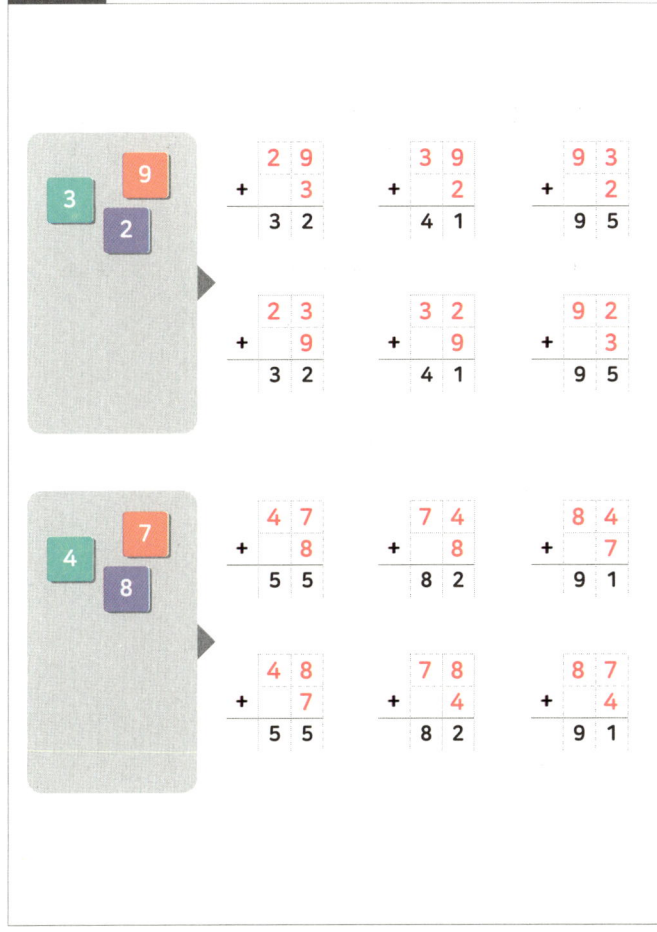

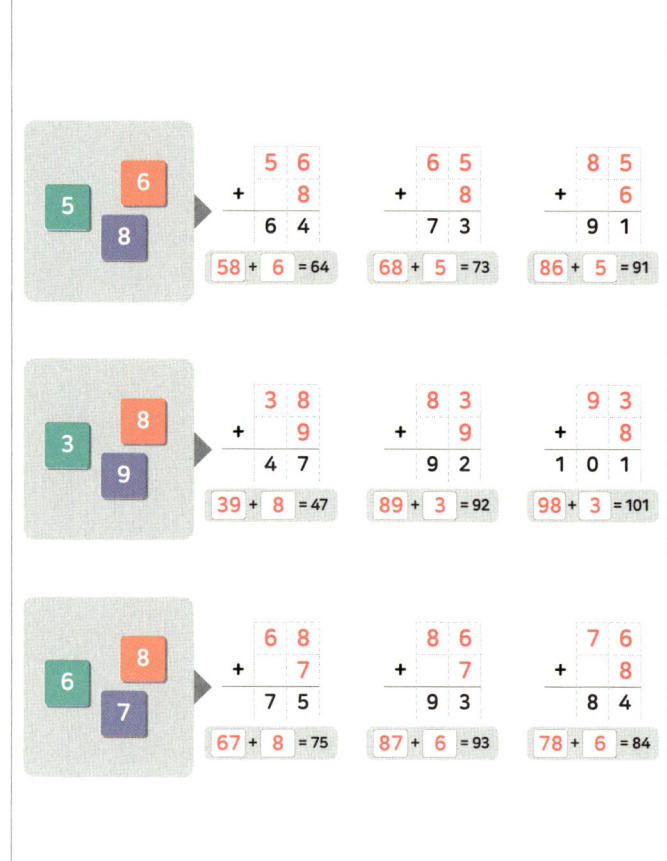
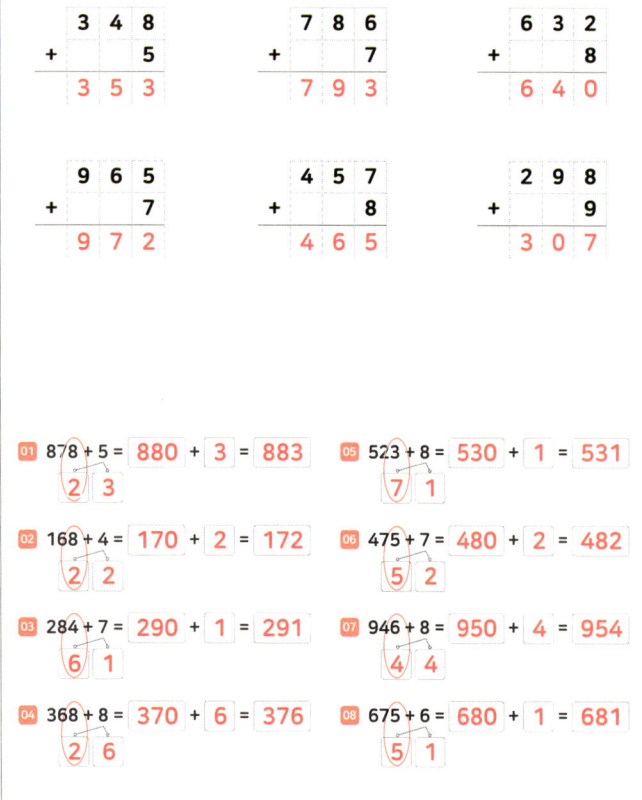
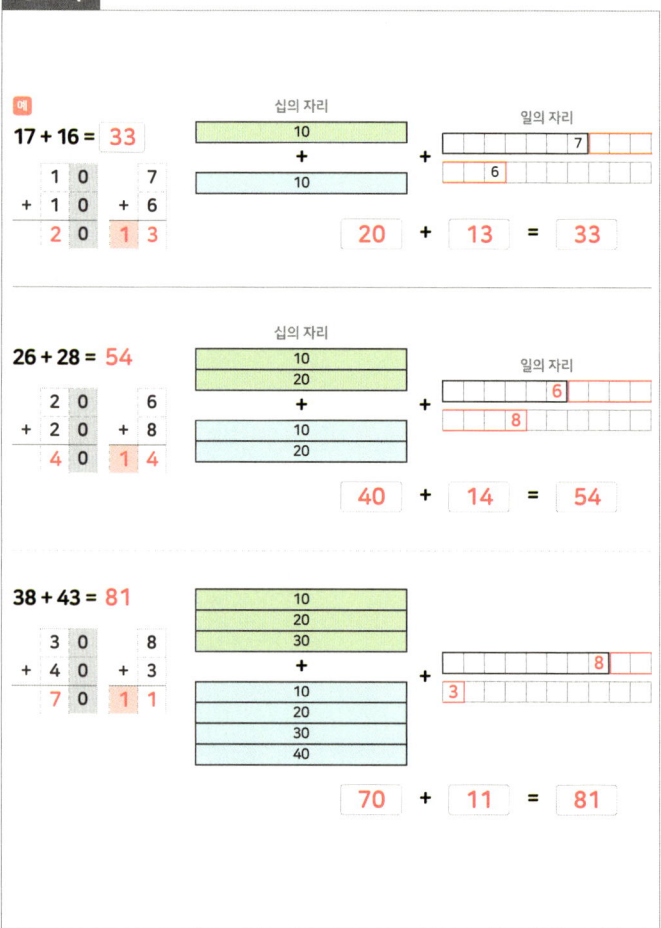

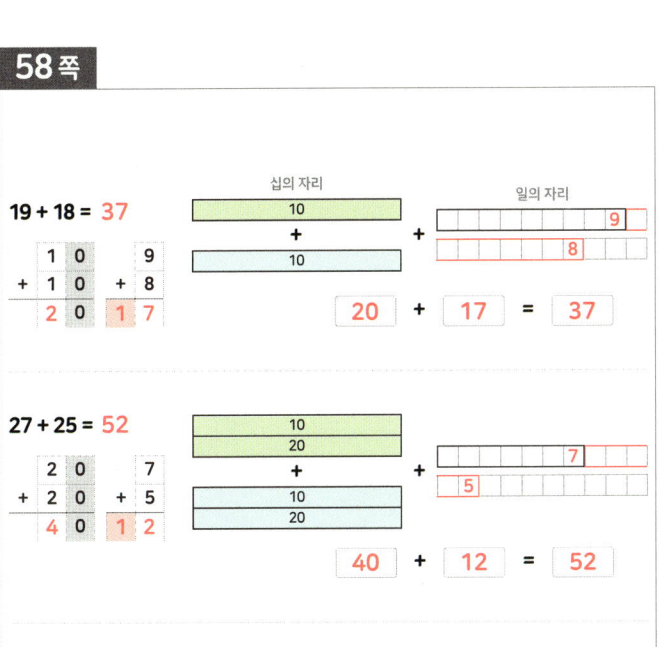
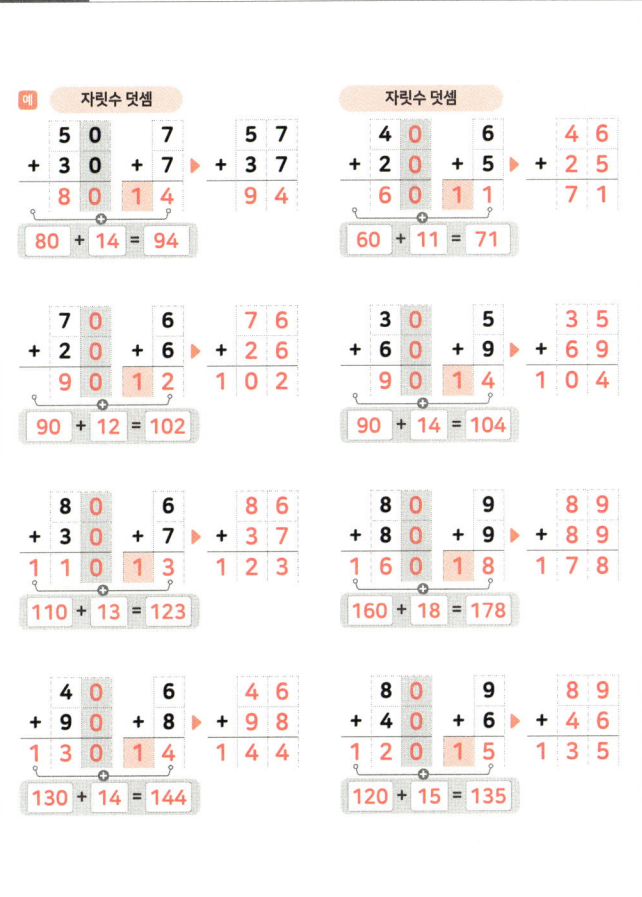
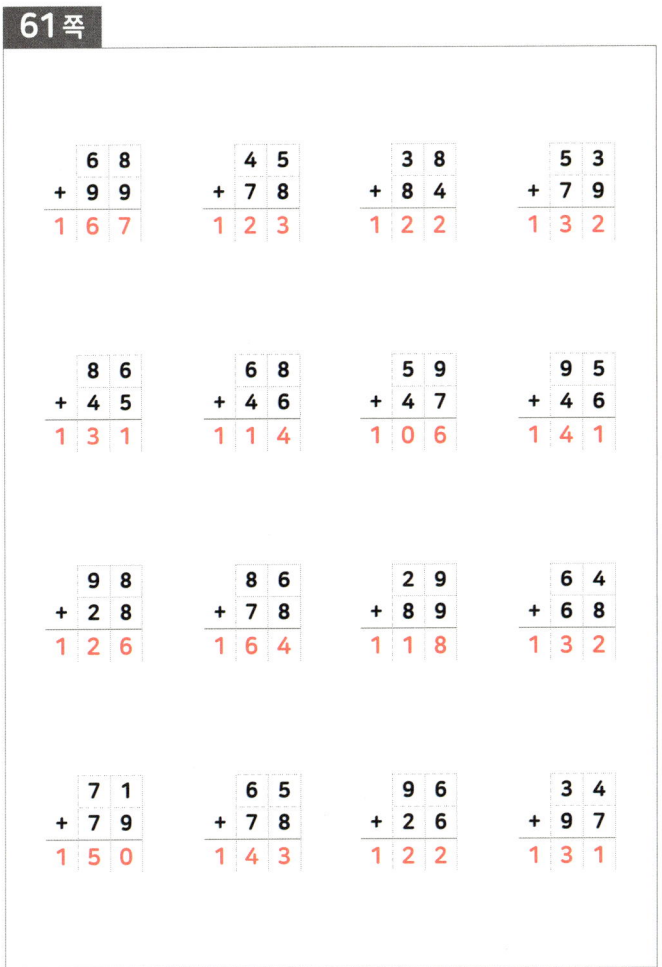

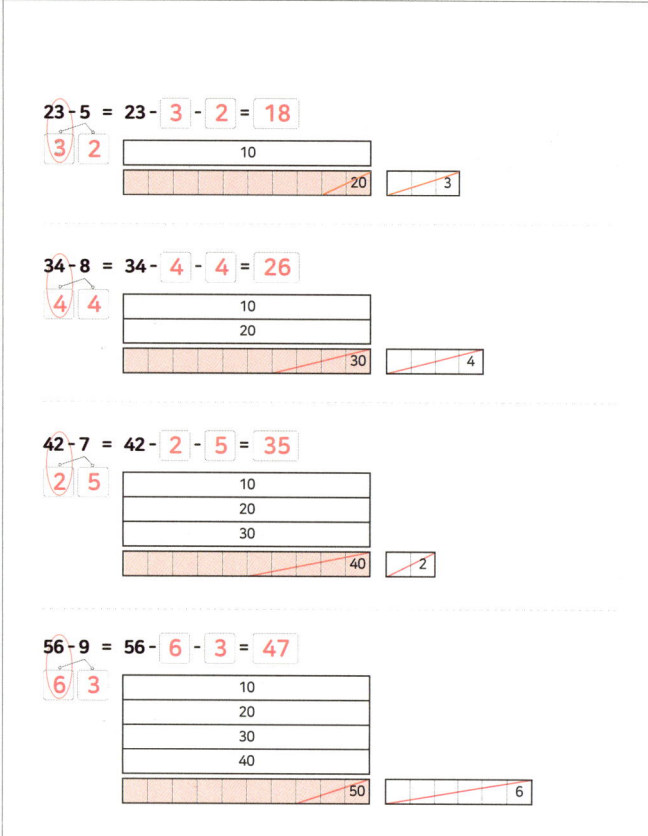
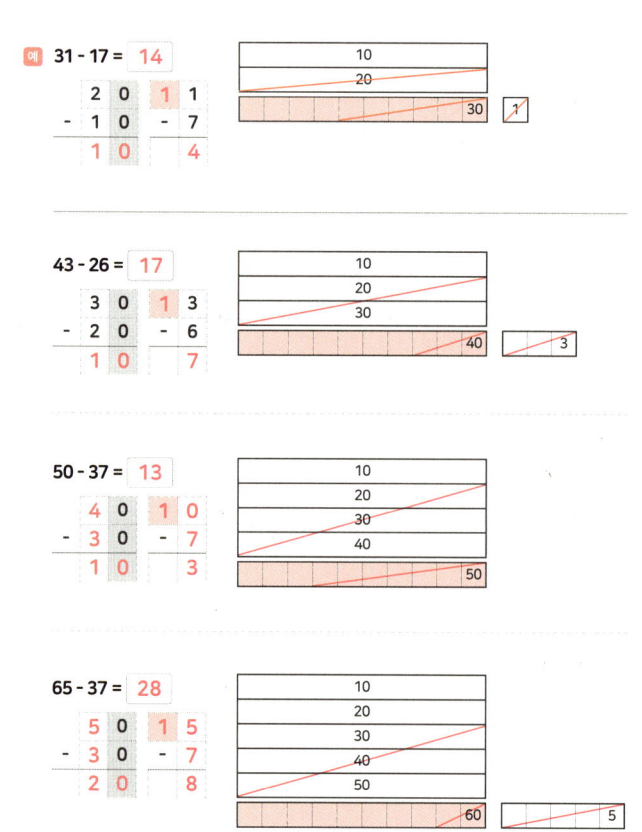

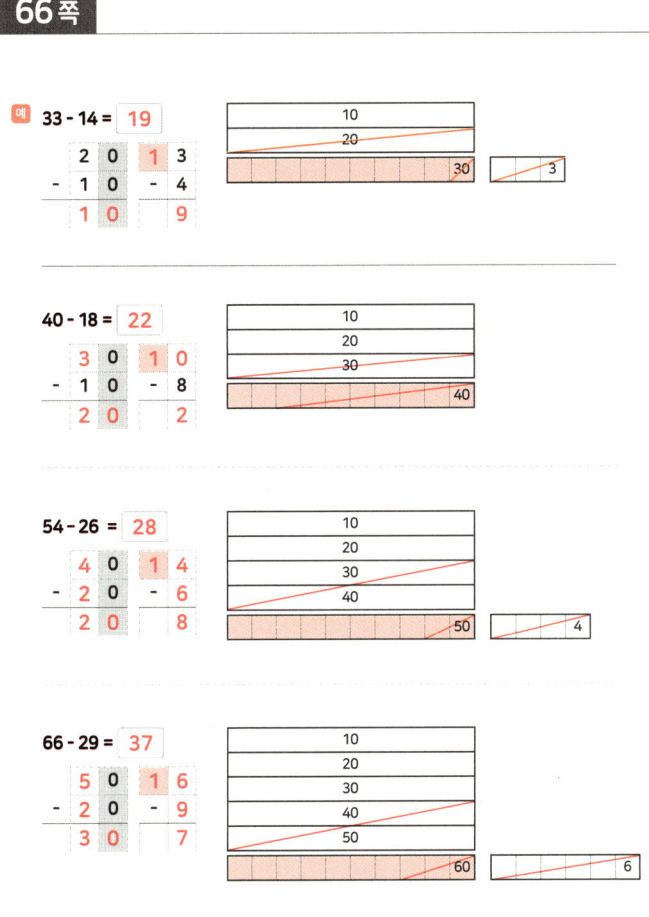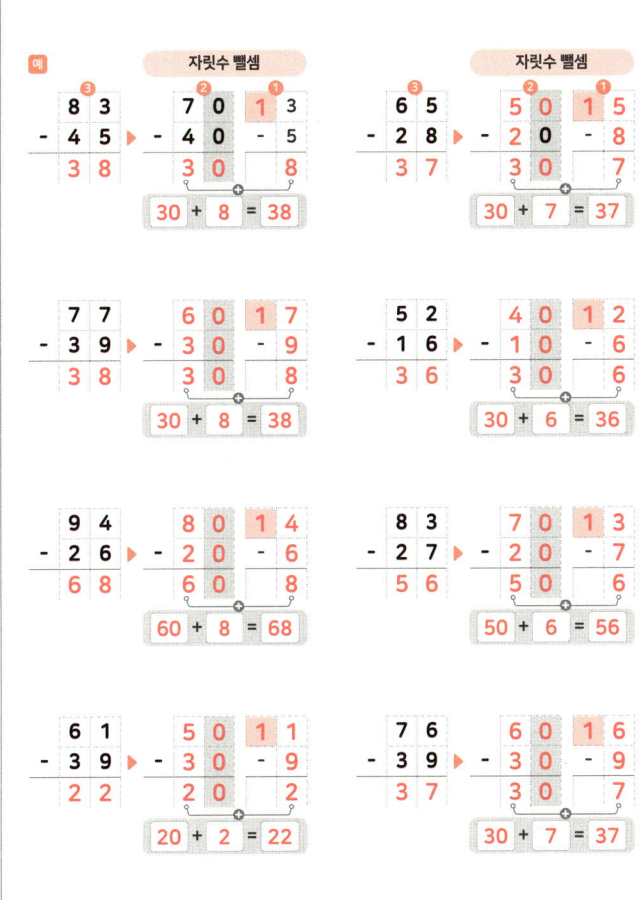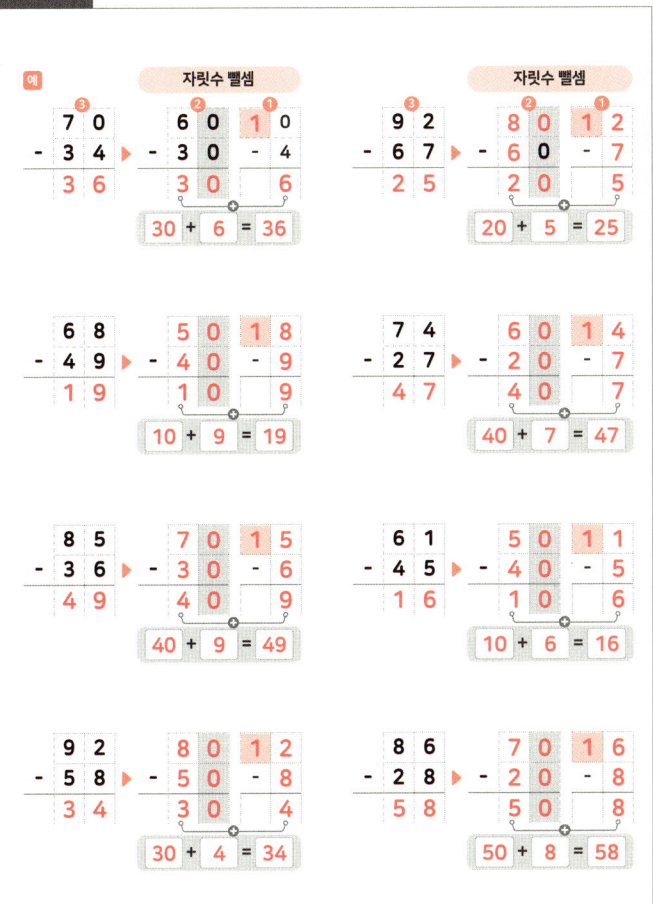

70쪽

```
  5 5        6 2        4 4        9 3
- 2 9      - 3 6      - 1 8      - 1 8
  2 6        2 6        2 6        7 5

  7 4        4 2        9 3        8 4
- 4 7      - 2 5      - 4 6      - 3 9
  2 7        1 7        4 7        4 5

  5 5        8 4        6 0        7 8
- 2 7      - 3 6      - 2 3      - 3 9
  2 8        4 8        3 7        3 9

  7 1        8 2        9 6        6 7
- 4 7      - 1 5      - 5 7      - 3 9
  2 4        6 7        3 9        2 8
```

71쪽

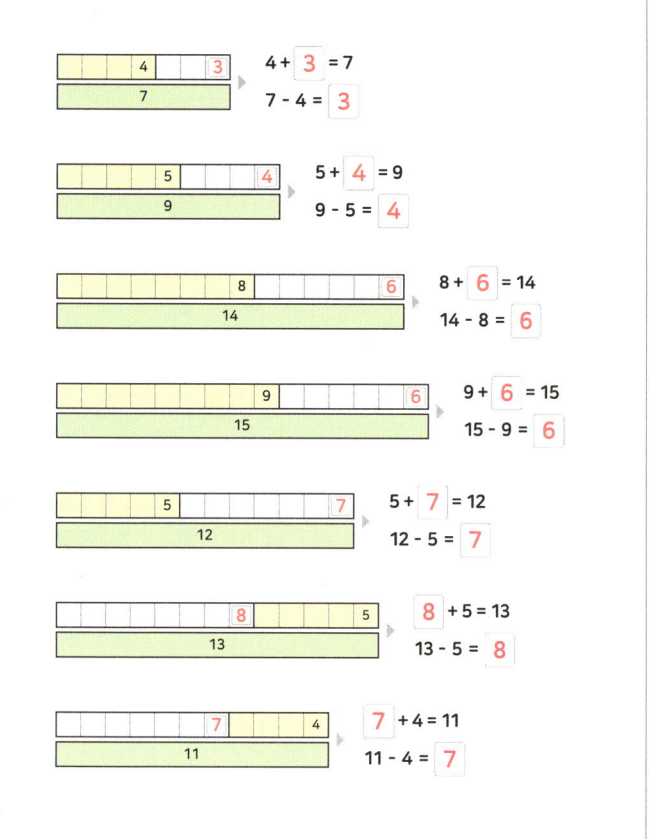

72쪽

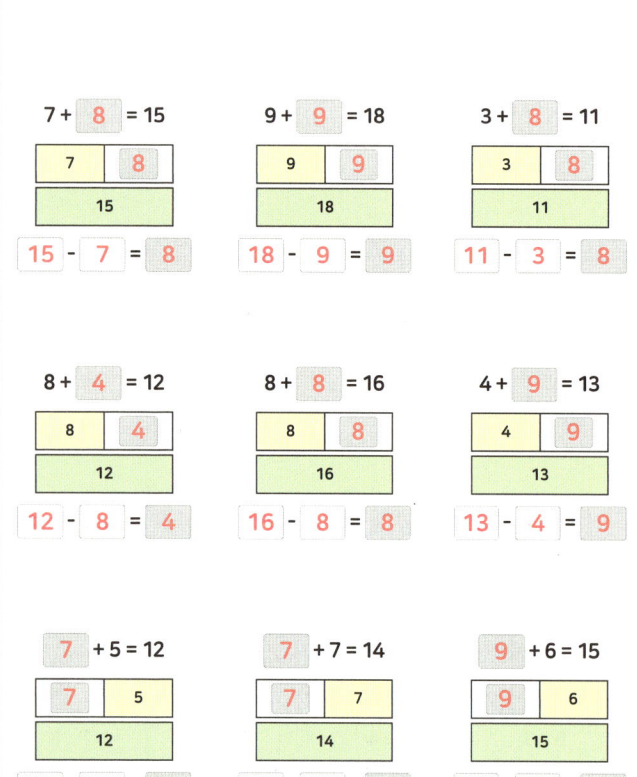

74쪽

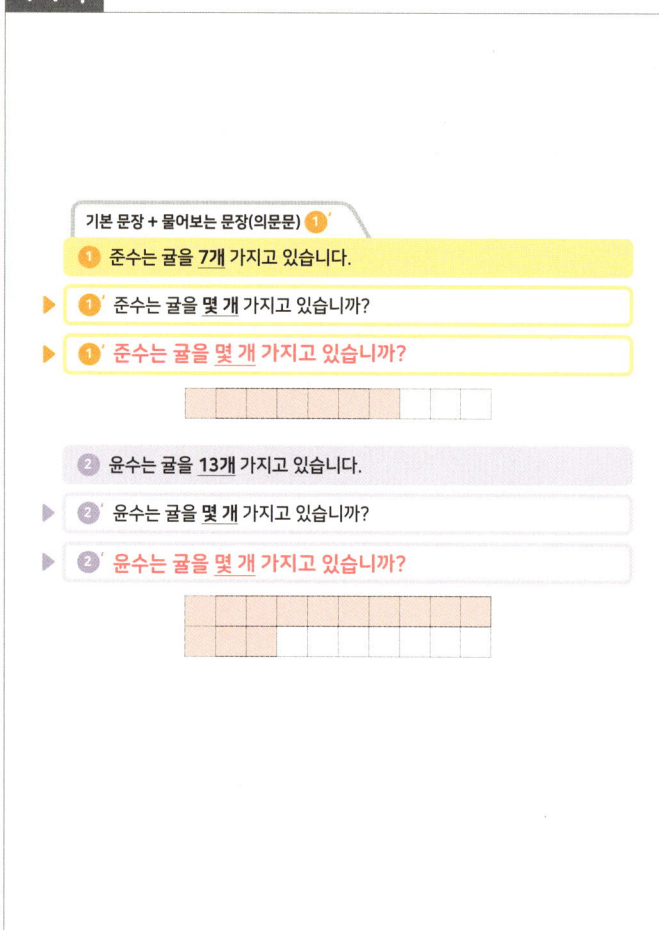

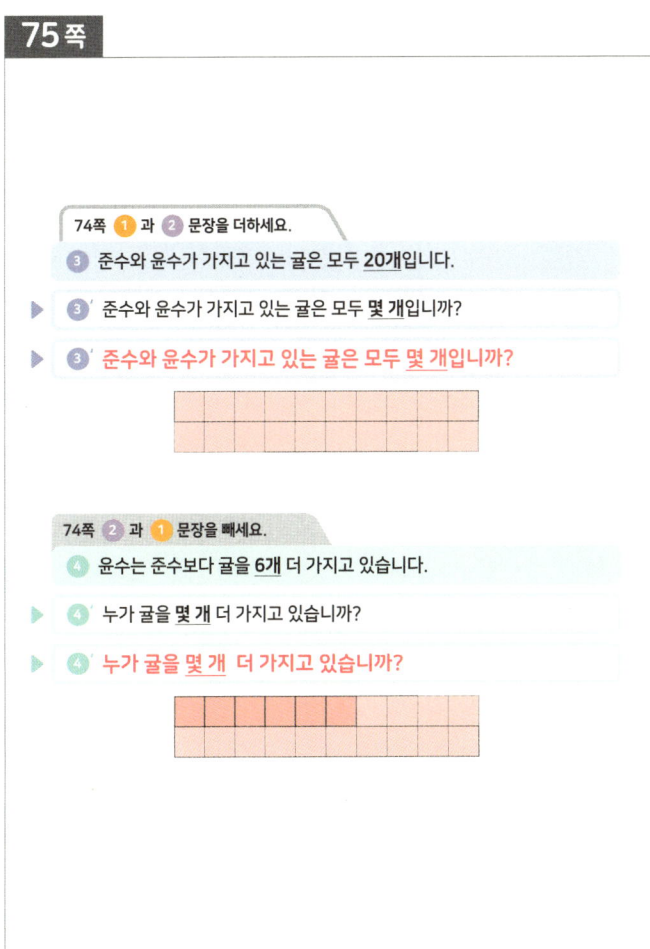
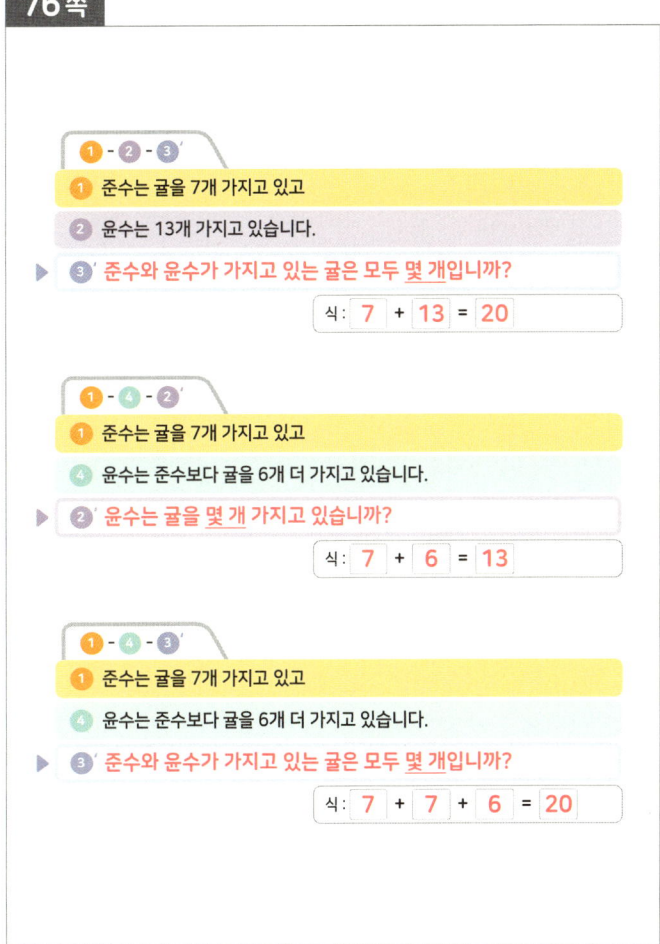
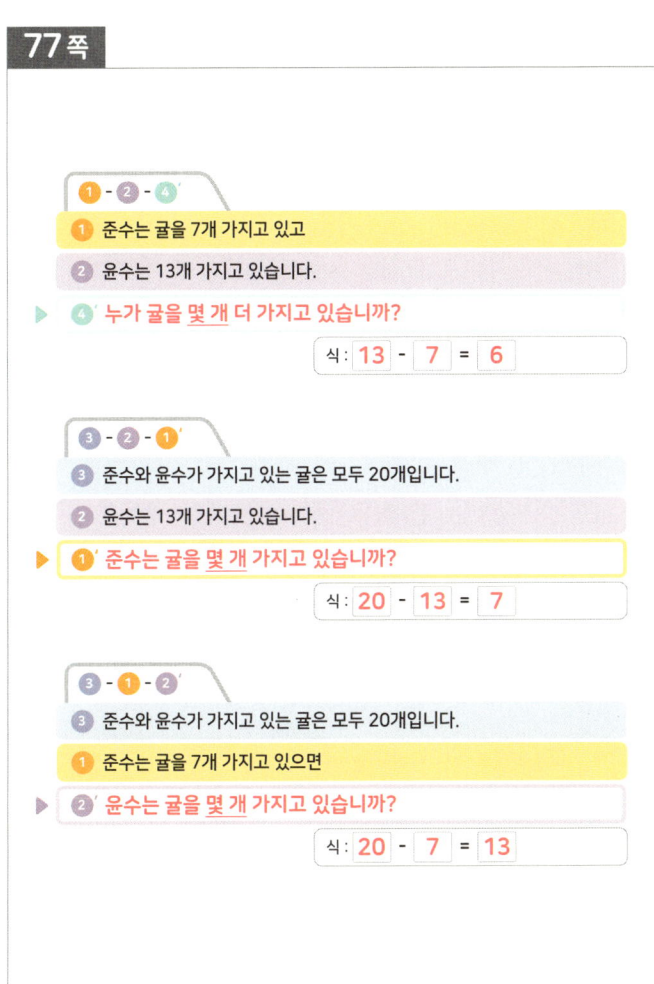
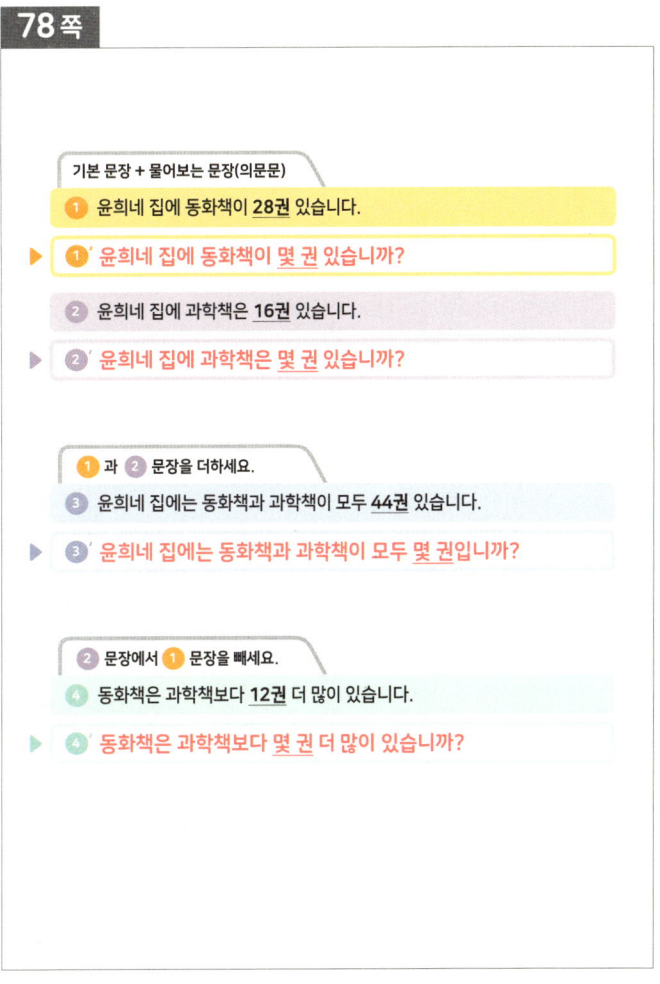

79쪽

①-②-③′
① 윤희네 집에 동화책이 28권 있습니다.
② 윤희네 집에 과학책은 16권 있습니다.
▶ ③′ 윤희네 집에는 동화책과 과학책이 모두 몇 권입니까?
식 : 28 + 16 = 44

①-④-②′
① 윤희네 집에 동화책이 28권 있습니다.
④ 동화책은 과학책보다 12권 더 많이 있습니다.
▶ ②′ 윤희네 집에 과학책은 몇 권 있습니까?
식 : 28 - 12 = 16

①-④-③′
① 윤희네 집에 동화책이 28권 있습니다.
④ 동화책은 과학책보다 12권 더 많이 있습니다.
▶ ③′ 윤희네 집에는 동화책과 과학책이 모두 몇 권입니까?
식 : 28 + 28 - 12 = 44

80쪽

①-②-④′
① 윤희네 집에 동화책이 28권 있습니다.
② 윤희네 집에 과학책은 16권 있습니다.
▶ ④′ 동화책은 과학책보다 몇 권 더 많이 있습니까?
식 : 28 - 16 = 12

③-②-①′
③ 윤희네 집에는 동화책과 과학책이 모두 44권 있습니다.
② 윤희네 집에 과학책은 16권 있습니다.
▶ ①′ 윤희네 집에 동화책이 몇 권 있습니까?
식 : 44 - 16 = 28

③-①-②′
③ 윤희네 집에는 동화책과 과학책이 모두 44권 있습니다.
① 윤희네 집에 동화책이 28권 있습니다.
▶ ②′ 윤희네 집에 과학책은 몇 권 있습니까?
식 : 44 - 28 = 16

82쪽

기본 문장 + 물어보는 문장(의문문)
① 하준이네 학교의 남학생은 285명입니다.
▶ ①′ 하준이네 학교의 남학생은 몇 명입니까?

② 하준이네 학교의 여학생은 237명입니다.
▶ ②′ 하준이네 학교의 여학생은 몇 명입니까?

① 과 ② 문장을 더하세요.
③ 하준이네 학교의 전체 학생은 522명입니다.
▶ ③′ 하준이네 학교의 전체 학생은 모두 몇 명입니까?

② 문장에서 ① 문장을 빼세요.
④ 하준이네 학교는 남학생이 48명 더 많습니다.
▶ ④′ 하준이네 학교는 남학생이 몇 명 더 많습니까?

83쪽

①-②-③′
① 하준이네 학교의 남학생은 285명입니다.
② 하준이네 학교의 여학생은 237명입니다.
▶ ③′ 하준이네 학교의 전체 학생은 모두 몇 명입니까?
식 : 285 + 237 = 522

①-④-②′
① 하준이네 학교의 남학생은 285명입니다.
④ 하준이네 학교는 남학생이 48명 더 많습니다.
▶ ②′ 하준이네 학교의 여학생은 몇 명입니까?
식 : 285 - 48 = 237

①-④-③′
① 하준이네 학교의 남학생은 285명입니다.
④ 하준이네 학교는 남학생이 48명 더 많습니다.
▶ ③′ 하준이네 학교의 전체 학생은 모두 몇 명입니까?
식 : 285 + 285 - 48 = 522

84쪽

①-②-④′
① 하준이네 학교의 남학생은 285명입니다.
② 하준이네 학교의 여학생은 237명입니다.
▶ ④′ 하준이네 학교는 남학생이 몇 명 더 많습니까?
   식 : 285 - 237 = 48

③-②-①′
③ 하준이네 학교의 전체 학생은 522명입니다.
② 하준이네 학교의 여학생은 237명입니다.
▶ ①′ 하준이네 학교의 남학생은 몇 명입니까?
   식 : 522 - 237 = 285

③-①-②′
③ 하준이네 학교의 전체 학생은 522명입니다.
① 하준이네 학교의 남학생은 285명 입니다.
▶ ②′ 하준이네 학교의 여학생은 몇 명입니까?
   식 : 522 - 285 = 237

85쪽

기본 문장 + 물어보는 문장(의문문)
① 빵집에서 오전에 빵을 274개를 만들었습니다.
▶ ①′ 빵집에서 오전에 빵을 몇 개 만들었습니까?
② 빵집에서 오후에 빵을 353개를 만들었습니다.
▶ ②′ 빵집에서 오후에 빵을 몇 개 만들었습니까?

① 과 ② 문장을 더하세요.
③ 빵집에서 하루에 빵을 627개를 만들었습니다.
▶ ③′ 빵집에서 하루에 빵을 몇 개 만들었습니까?

② 문장에서 ① 문장을 빼세요.
④ 빵집에서 오후에 79개를 더 만들었습니다.
▶ ④′ 빵을 오후에 몇 개 더 만들었습니까?

86쪽

①-②-③′
① 빵집에서 오전에 빵을 274개를 만들었습니다.
② 빵집에서 오후에 빵을 353개를 만들었습니다.
▶ ③′ 빵집에서 하루에 빵을 몇 개 만들었습니까?
   식 : 274 + 353 = 627

①-④-②′
① 빵집에서 오전에 빵을 274개를 만들었습니다.
④ 빵집에서 오후에 (오전보다) 79개를 더 만들었습니다.
▶ ②′ 빵집에서 오후에 빵을 몇 개 만들었습니까?
   식 : 274 + 79 = 353

①-④-③′
① 빵집에서 오전에 빵을 274개를 만들었습니다.
④ 빵집에서 오후에 (오전보다) 79개를 더 만들었습니다.
▶ ③′ 빵집에서 하루에 빵을 몇 개 만들었습니까?
   식 : 274 + 274 + 79 = 627

87쪽

①-②-④′
① 빵집에서 오전에 빵을 274개를 만들었습니다.
② 빵집에서 오후에 빵을 353개를 만들었습니다.
▶ ④′ 빵을 오후에 몇 개 더 만들었습니까?
   식 : 353 - 274 = 79

③-②-①′
③ 빵집에서 하루에 빵을 627개를 만들었습니다.
② 빵집에서 오후에 빵을 353개를 만들었습니다.
▶ ①′ 빵집에서 오전에 빵을 몇 개 만들었습니까?
   식 : 627 - 353 = 274

③-①-②′
③ 빵집에서 하루에 빵을 627개를 만들었습니다.
① 빵집에서 오전에 빵을 274개를 만들었습니다.
▶ ②′ 빵집에서 오후에 빵을 몇 개 만들었습니까?
   식 : 627 - 274 = 353

88쪽

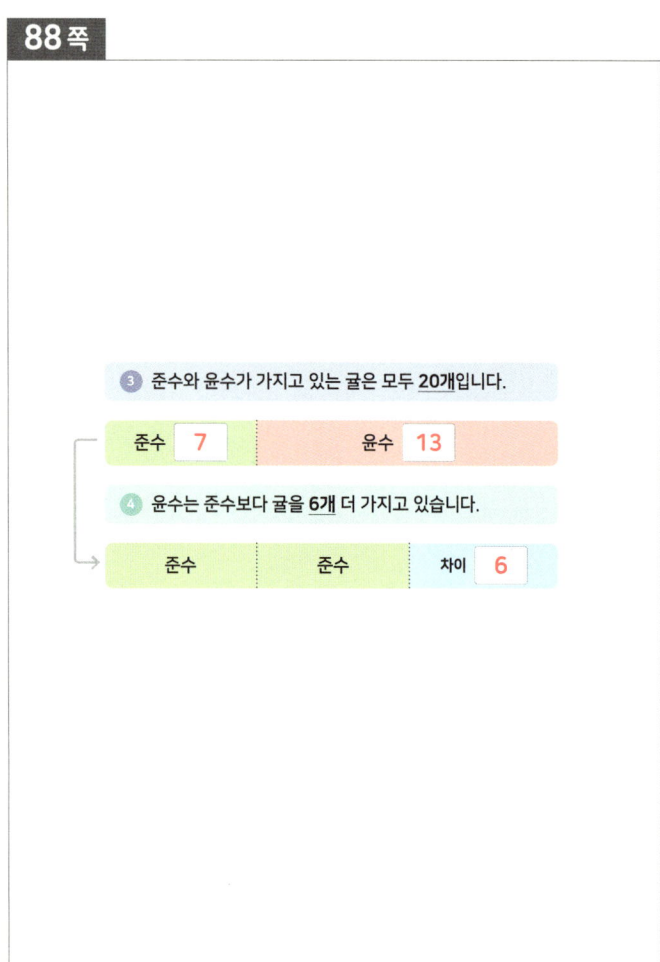

90쪽

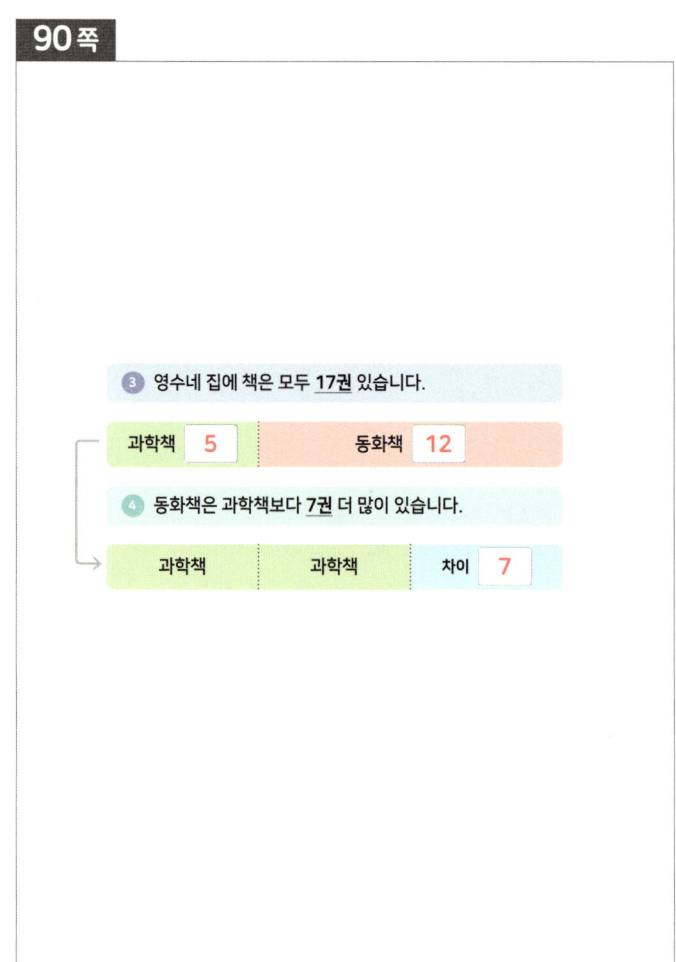

91쪽

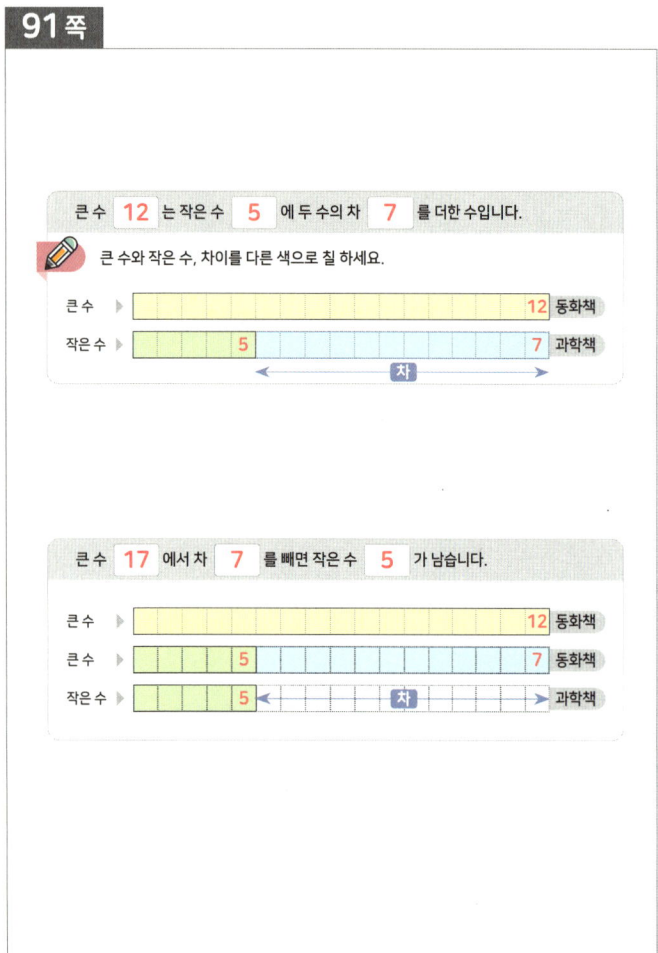

92쪽

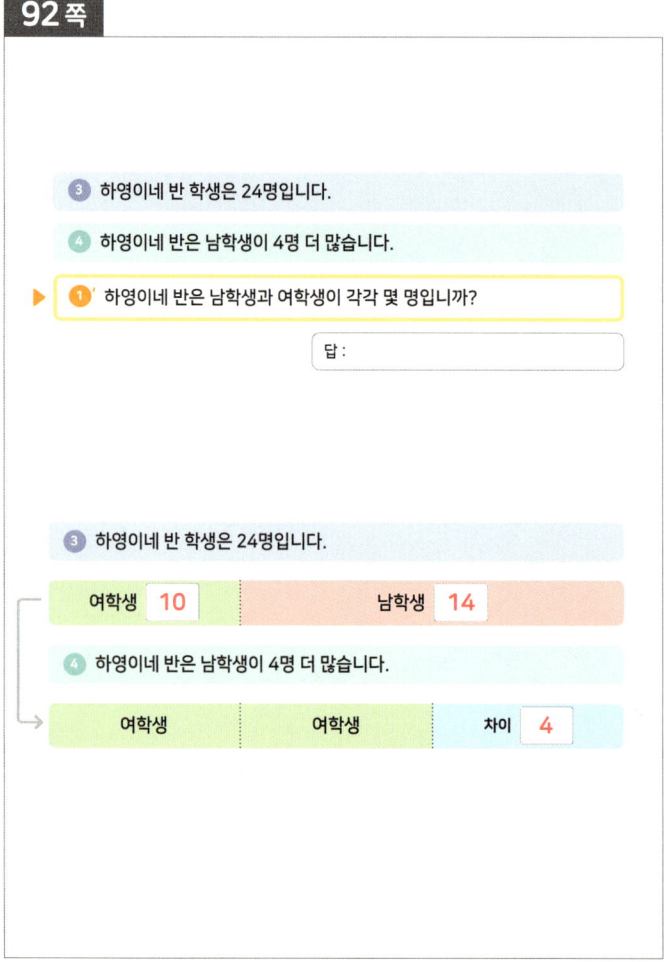

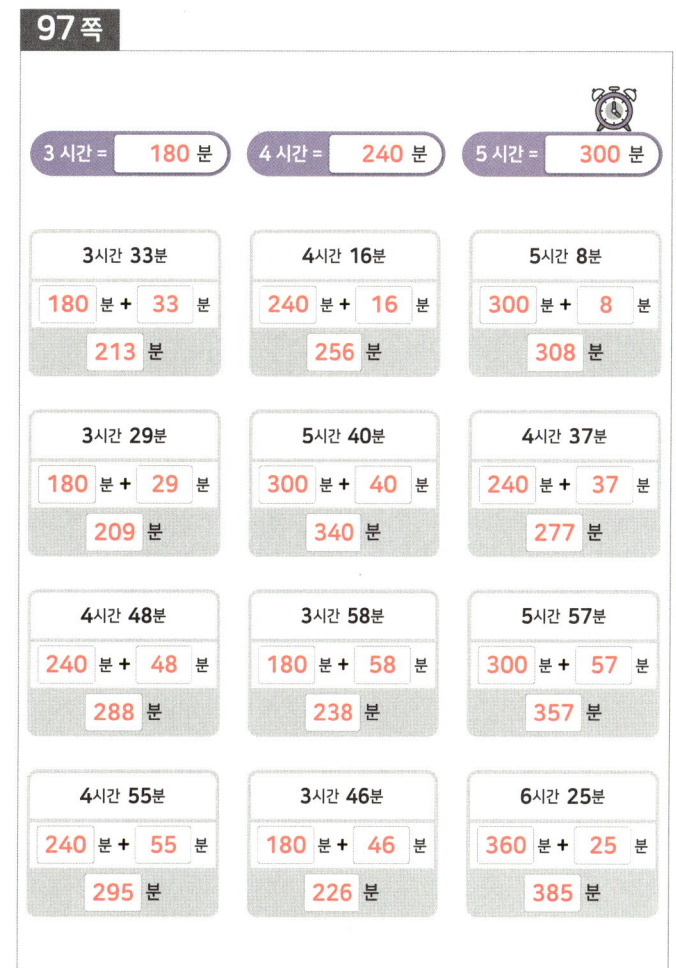

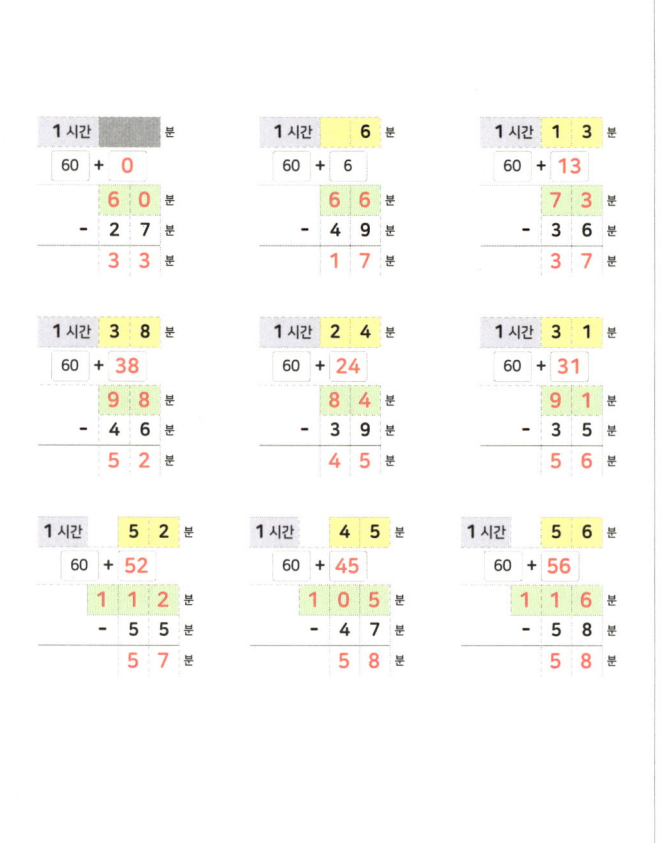
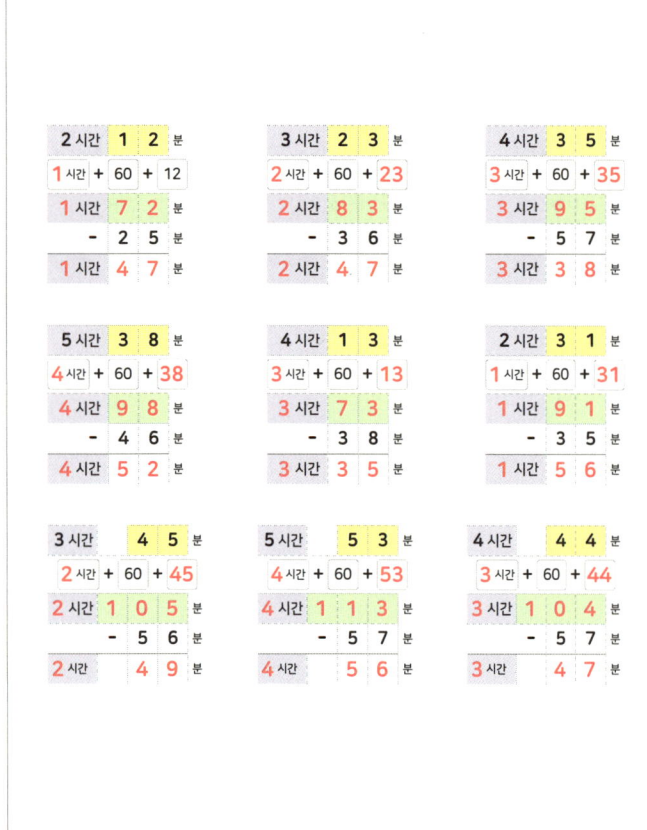
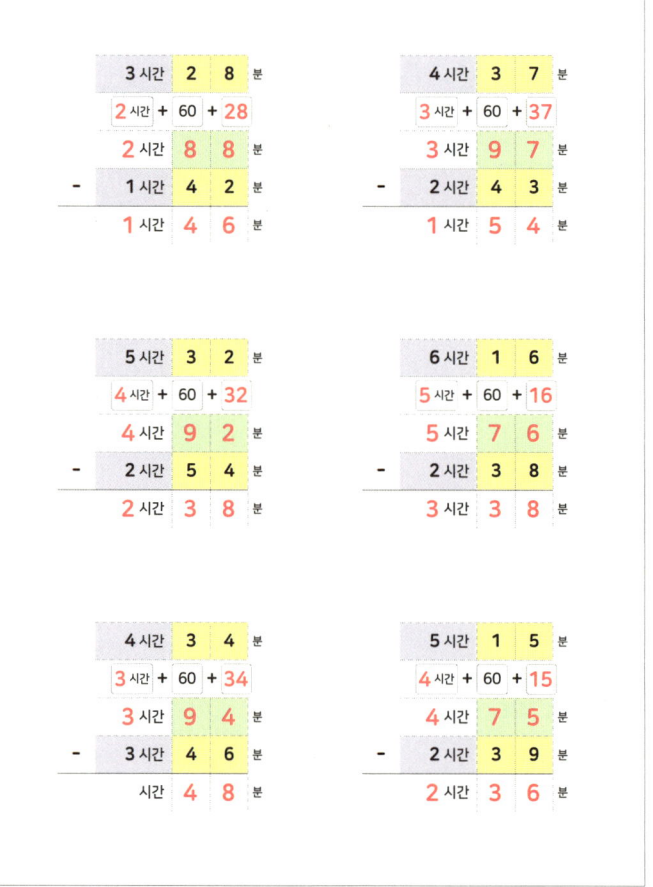

102쪽

	4 시간	4	6	분
−	3 시간	3	5	분
	1 시간	1	1	분

	3 시간	5	6	분
−	1 시간	4	7	분
	2 시간		9	분

	5 시간	2	8	분
	4 시간	8	8	분
−	2 시간	4	9	분
	2 시간	3	9	분

	3 시간	3	5	분
	2 시간	9	5	분
−	1 시간	5	7	분
	1 시간	3	8	분

	4 시간	2	4	분
	3 시간	8	4	분
−	2 시간	3	8	분
	1 시간	4	6	분

	6 시간	3	8	분
	5 시간	9	8	분
−	3 시간	5	8	분
	2 시간	4	0	분

	5 시간	4	1	분
	4 시간	10	1	분
−	2 시간	4	6	분
	2 시간	5	5	분

	3 시간	5	2	분
	2 시간	1	12	분
−	2 시간	5	8	분
	시간	5	4	분

105쪽

10	**11**	**12**	**13**	**14**
9 + 1	9 + 2	9 + 3	9 + 4	9 + 5
8 + 2	8 + 3	8 + 4	8 + 5	8 + 6
7 + 3	7 + 4	7 + 5	7 + 6	7 + 7
6 + 4	6 + 5	6 + 6		
5 + 5				

15	**16**	**17**	**18**
9 + 6	9 + 7	9 + 8	9 + 9
8 + 7	8 + 8		

10	**13**	**11**	**14**	**12**
9 + 1	9 + 4	9 + 2	9 + 5	9 + 3
8 + 2	8 + 5	8 + 3	8 + 6	8 + 4
7 + 3	7 + 6	7 + 4	7 + 7	7 + 5
6 + 4		6 + 5		6 + 6
5 + 5				

16	**18**	**15**	**17**
9 + 7	9 + 9	9 + 6	9 + 8
8 + 8		8 + 7	

106-109쪽

+	4	2	5	3	10	7	9	8	6
3	7	5	8	6	13	10	12	11	9
5	9	7	10	8	15	12	14	13	11
2	6	4	7	5	12	9	11	10	8
4	8	6	9	7	14	11	13	12	10
8	12	10	13	11	18	15	17	16	14
6	10	8	11	9	16	13	15	14	12
9	13	11	14	12	19	16	18	17	15
7	11	9	12	10	17	14	16	15	13
10	14	12	15	13	20	17	19	18	16

목표 시간 2:30 에 도달할 때까지 105쪽을 반복해서 연습하세요.

111-114쪽

−	18	16	10	17	13	11	15	12	14
3	15	13	7	14	10	8	12	9	11
5	13	11	5	12	8	6	10	7	9
2	16	14	8	15	11	9	13	10	12
4	14	12	6	13	9	7	11	8	10
10	8	6	0	7	3	1	5	2	4
8	10	8	2	9	5	3	7	4	6
6	12	10	4	11	7	5	9	6	8
7	11	9	3	10	6	4	8	5	7
9	9	7	1	8	4	2	6	3	5

116쪽

01. 7 + 8 = 15
02. 12 + 7 = 19
03. 16 + 7 = 23
04. 14 + 8 = 22
05. 13 + 9 = 22
06. 17 + 6 = 23
07. 3 + 16 = 19
08. 13 + 7 = 20
09. 9 + 18 = 27
10. 7 + 15 = 22
11. 11 - 4 = 7
12. 15 - 7 = 8
13. 17 - 15 = 2
14. 12 - 5 = 7
15. 13 - 8 = 5
16. 21 - 5 = 16
17. 15 - 6 = 9
18. 16 - 9 = 7
19. 20 - 12 = 8
20. 14 - 6 = 8

117, 118쪽

01. 6 + 7 = 13
02. 16 + 7 = 23
03. 7 + 5 = 12
04. 8 + 18 = 26
05. 5 + 18 = 23
06. 13 + 9 = 22
07. 7 + 8 = 15
08. 8 + 17 = 25
09. 14 + 9 = 23
10. 8 + 16 = 24
11. 15 - 7 = 8
12. 13 - 6 = 7
13. 17 - 15 = 2
14. 13 - 7 = 6
15. 12 - 5 = 7
16. 21 - 4 = 17
17. 15 - 8 = 7
18. 16 - 7 = 9
19. 13 - 5 = 8
20. 11 - 7 = 4